NEW ORLEANS'TAN KOSOVA'YA

BİR TÜRK KIZININ ANILARI

İdil Elveriş

aykırı
GÜNCEL

NEW ORLEANS'TAN KOSOVA'YA
Bir Türk Kızının Anıları
İdil Elveriş

YAYIN YÖNETMENİ
Saim Koç

EDİTÖR
Seyfi Öngider

YAYINA HAZIRLAYAN
Gülşen Sayın

KAPAK VE SAYFA DÜZENİ
Uğur Alkapar

İstanbul, 2002
ISBN 975-8337-54-8

BASKI
Kitap Matbaacılık
Tel: 0212. 567 48 84

CİLT
Fatih Mücellit
Tel: 0212. 501 28 23

GÜNCEL DİZİSİ - 4
AYKIRI YAYINCILIK
Sinan Ercan Cad. No: 34/33 81080 Erenköy-İstanbul
Tel: 0216. 445 22 14 - 380 29 24 Faks: 0216. 410 52 99
email: aykiri@aykiri.net
www.aykiri.net

İLK SÖZ

17 Temmuz 1997 günü Amerika'ya okumaya giderken kafam karmakarışık ve henüz cevabını bilmeme imkan olmayan sorularla doluydu. Okulumu bitirip hemen bir sene sonra dönecek miydim Türkiye'ye, aslında hiç de istemeyerek? Yoksa orada bir iş bulup daha uzun süre kalabilecek miydim?

Üç sene Amerika'da kaldıktan sonra, bir gün kendimi New York'ta çalışmaktan çok sıkılmış ve her şeyi bırakıp savaştan yeni çıkmış bir Kosova'ya giderken buldum. Hatta Balkanlar'daki bu macera yer yer bir tür kimlik arayışına dönüştü. İşte okuyacaklarınız bunları yaşarken başıma gelenler.

Amerika kısmı oradayken ara sıra düştüğüm notlardan ibaret. Kosova kısmı ise, sevgili dostum Zeynep Aksoy'un, Kosova'dan gönderdiğim ilk bir kaç e-mail sonrasında benim hakikaten acayip bir yerde olduğuma kanaat getirmesi ve mutlaka günlük tutmamı söylemesi üzerine, ciddi ciddi kayıt tutmamla başladı.

Bu el yazısı notları bilgisayara geçiren dostum Zeynep Vardar'a burada tekrar teşekkür etmeliyim. Bu arada, beş seneye yakın bir zaman yurtdışında yaşadığım halde, her Türkiye hasretiyle İstanbul'a geldikçe ve birlikte oldukça her şeyin hep eskisi gibi olduğunu hissettiğim dostlara sahip olduğum için kendimi çok şanslı görüyorum. Özellikle Kosova'dayken daha da sıklaşan ziyaretlerimde bunun bana ne kadar moral vermiş olduğunu özellikle belirtmeliyim. Burada isim vermeden tüm dostlarıma yanımda oldukları için teşekkür etmek isterim.

Erken yaşta dil öğrenmem, iyi bir eğitim alıp, bağımsızca kendime bir yol çizebilmem için canla başla didinen anne babama da ne kadar teşekkür etsem azdır. Onların yol göstermesi olmasaydı, bunların hiçbirini gerçekleştiremezdim.

İdil Elveriş

10 Ağustos 1997

İstanbul'u gözyaşları içinde alelacele terk edip, kendimi bir anda dünyanın her yerinden gelmiş bir sürü öğrenciyle birlikte New Orleans'ta okurken bulmuş durumdayım. Daha ilk günlerim sayılır ve tam bir kültür şoku içindeyim. Örneğin özel şirketlerin telefon hizmeti vermesi çok tuhafıma gidiyor. Ya da süper markete gidip müşteri hizmetleri bölümünde daireme telefon bağlanabilmesi için depozito yatırmak. Bankada hesap açınca elime çek defteri verilmesi. Faturalarımı ödemek için bankaya gitmektense, çek yazmayı öğrenmek ve her ödemeyi yazdığım çekleri şirketlerin adreslerine yollayarak yapmak. Hayatlarında doğdukları şehrin dışına çıkmamış, hiçbir yabancıyla tanışmamış insanlara sürekli adımı hecelemek, bahsettikleri kavramları ve aksanları anlayamadığımı, yavaş konuşmalarını söylemek de cabası.

Burada siyah-beyaz ayrımı çok keskin. Eski Güneyli zenginler muhteşem malikanelerinde oturuyorlar. Hayat kolay, hava sıcak, bir keyif ve eğlence havası var şehirde. Üstelik, ben pek anlayamasam da, söylendiğine göre Amerika'nın en ucuz şehirlerinden biriymiş. Yine de şehir havası tamamen solunabilen bir yer. Örneğin Türkiye'deyken seyretme fırsatı bulamadığım 'İstanbul Kanatlarımın Altında' filminin buradaki bir festivalde oynayacağını duymak çok hoşuma gitti. Üstelik canlı müzik açısından da harika bir yer, özellikle de hem geleneksel hem de modern anlamda caz.

İnsanın hep yaşadığı çevre ve kafalardan çıkıp başka kafalarla karşılaşması çok enteresan oluyor. Olaylara senin daha önce hiç bakmadığın gibi bakan bir sürü insanla tanışıyor ve onların bakış açısının ne olduğunu anlamak zorunda kalıyorsun. Bu bakış açıları bazen insanı sarsıyor. Örneğin dün annesi Macar, babası Romen, ama Romanyalı olduğunu söyleyen hakim arkadaşım Christian ile konuşuyorduk. Ben Romenleri Slav zannettiğime dair bir pot kırınca, bize Türkiye'de bunun mu öğretildiğini sordu. Sonra bir anda konu Osmanlılar'a falan geldi. Ben tarih derslerinde öğretilmiş klasik "Osmanlılar herkese iyi davrandı" cümlesini söyleyince, Christian bana, "Bu doğru değil, öyle bile olsa, Osmanlı gelip benim ülkemi 500 yıl işgal etmiş, ben Osmanlı'yı niye seveyim?" dediğinde şoke oldum. Hani insan bir anda söyleyecek bir şey bulamaz, donar kalır ya, aynen öyle. Sonuçta biz Balkanlar'ı fethetmemiş miydik, ne işgalinden bahsediyordu bu çocuk?

20 Ağustos 1997

Buraya yavaş yavaş alışıyor muyum nedir? Okulda benden başka bir Türk öğrenci daha var. Anladığım kadarıyla okulun deniz ticareti hukuku programına ilk kabul edilen Türk öğrenci benim. Şimdilik en yakın arkadaşlarım her gittikleri partiye kendi müziklerini de götüren Latin Amerikalılar. Adamlar aynı bizim gibi üçkağıtçılar. Herkes bir aylık "Amerikan Hukuku'na Giriş" hazırlık kursu ertesi sınav için güzel güzel çalışırken, bunlar geçmiş senelerde Tulane'de okumuş arkadaşlarından eski sınav sorularını buldular. Zaten okul güneyde olduğu için o kadar çok Latin Amerikalı var ki, eminim bir tanıdık bulmak zor olmamıştır. Ben de onlara takılıp, bilgilerden faydalandım. Hepsinin aklı fikri flörtte, beni biraz soğuk buldular galiba. Tabii bir Meksikalı, bir Perulu ve bir Venezuelalı adamla ders çalışırsam ancak buzdağı olarak ellerinden kurtulabilirim. Panamalı arkadaşım Eric ben ders çalışacağız sanırken bana Latin dansları öğretmek istedi. Biraz safım galiba.

4 Eylül 1997

Herkesin aklı fikri eğlencede. Sürekli o parti, bu restoran, şu bar. Ben daha şimdiden iki kampus işinde çalışıyorum biraz para tasarrufu olsun diye. Dışarıda yemek yiyecek param da yok. Bir de sutopu antrenmanlarından yorgunluktan bitmiş bir halde geliyorum. Dün gece kolumun ağrısından uyuyamadım. Üstelik bir yandan da bir hukuk firmasında iş bulmak istiyorum. Nasıl iş arayacağım derken anladım ki okulda 'Kariyer Servisi' diye bir hizmet var. Bu okula dünya kadar para ödendiği için, öğrencilerin okuldan beklentileri de yüksek tabii. hiç böyle bir şey duymamıştım. Hatta okul, eğitimin yanında öğrencilere daha sonra iş bulmaları için yardım da ediyor ve istatistik falan tutuyor, mezunlar ne kadar zamanda iş buldu diye.

İş ararken yapılması gereken şehirlerarası telefon konuşmalarını Kariyer Servisi'ne gidip bedava yapmam da mümkünmüş. Aynı zamanda Kariyer Servisi'nin bir CV'nin nasıl hazırlanması, iş başvuru mektubunun nasıl yazılması gerektiğine dair öğrencilere bilgi veren kocaman bir dosyası varmış. Şu an bu dosyayı okuyorum ve yapmam gerekenler karşısında biraz gözüm korktu ama yine de İstanbul Üniversitesi'nin ışığı yanmayan, kaloriferi çalışmayan anfilerinden ve öğrenci düşmanı anlayışından sonra bu mentaliteye hayran kaldım. Galiba CV için özel kağıt falan almam lazım. Sağ olsun İngiliz arkadaşım Giles CV'imi bitirince, istersem benim için İngilizcesini düzeltebileceğini söyledi. Beni işe alacak birini nasıl bulacağım?

8 Eylül 1997

Bu giriş kursundan sonra aramıza kendileri için de dönemin başladığı Amerikalılar katıldı. Bence yabancıların Amerikalılarla dost olması çok zor. Aynı dersi alıyorsak, "Hey, how are you?" diyorlar ama tam sen, "Bana nasıl olduğumu sordu, herhalde bilmek istiyor" diye düşünürken ve "İyiyim, şöyle oldu, böyle oldu" diye bir şey anlatmaya kalkışırken soruyu soran kişinin yanından geçip gittiğini hayretler içinde seyrediyorsun. Derste akıllı bir iki laf edip ilgi çekebiliyorsan, selam veriyorlar. Sonra tabii bir gün, parti şehri de denen New Orleans'ta olunca özellikle, barın tekinde konuşma şansı doğabiliyor. Brian ile öyle oldu örneğin. Zaten kule gibi bir herif. Görmemeye imkan yok.

Galiba ilk Amerikalı arkadaşım Claurisse oldu. Muhabbeti o başlattı ve aynı yurtta kaldığımızı anladık. Hatta nasıl olduğunu bilmeden iş arama konusuna bile geldik.

12 Eylül 1997

Hocam New York'ta iş aramamı, zira okulu bitirince New York baro sınavına girme hakkım olduğunu ve Avrupa ile iş yapan uluslararası hukuk firmalarının orada olduğunu söyledi. Bunun üzerine New York'taki hukuk firmalarının adlarını buldum. İçlerinden benim alanım olan deniz hukukuyla ilgilenenleri ayırdım. Şimdi de o hukuk bürolarında CV'mi yollayacak kişiler bulmam lazım. Benim gibi iş arayan diğer öğrencilerin tavsiyesiyle, Tulane mezunu olan ya da hocamın tanıdığı kişilerin adlarını aldım. Elimde 20-25 kişilik bir liste var.

Dün akşam Claurisse geldi, ona Türk kahvesi yaptım. Bana hemen hikayesini anlattı. Meğer kendinden beş yaş genç bir

Meksikalı'yla evliymiş. Kocası Juan'ın peşinden koşan o olmuş. Juan iyi İngilizce bilmediği ve bahçıvanlık yaptığı için çekingenmiş. Ayrıca ABD'de kaçak olarak yaşıyormuş. Claurisse oğlanı kapmış bir güzel. Kaçıp evlenmişler. Çalıştığı işyerindeki bütün diğer avukatlar mutluluk dilemek yerine, "Ne? Bir Meksikalı'yla mı evlendin?", "Juan kendine Amerikalı bir eş bulduğu için çok şanslı" gibi Juan'ın onun sayesinde Amerika'da kalabileceğini belirten sözler etmiş, imalarda bulunmuşlar. Sonunda kaç yıldır yolunda giden bir evliliği var. "İnsanlar mutlu değil, o yüzden benim mutlu olduğuma inanamıyor. Daha önce zengin bir avukatla çıktım, mutlu değildim. Şimdi mutluyum. İkisi arasındaki farkı biliyorum" dedi.

Anlattığına göre, Amerika'da bir avukatın istediği yerde iş bulabilmesi için sınıfın en iyi yüzde 10'u içinde yer alması gerekiyormuş. Ya da okulun bilmem ne hukuku dergisinde editör, hukuki yardım servisi denilen, okulun bulunduğu şehirdeki parasız insanlara hukuki yardım sağlayan merkezinde ders kredisi karşılığı bedava çalışması gerekirmiş. Ben de sürekli duvarlarda bu merkezlerin ilanlarını görüyor ama ne olduklarını anlamıyordum. Hatta sınıfın en iyi yüzde 10'u bunların hepsini bir arada yapıyormuş. İşverenler de bu kişileri işe almak için çırpınıyor, kampusa mülakata geliyor, yıllık 100 bin doların üstünde ücret veriyormuş. Claurisse yakında bütün hukuk firmalarının kampusu dolduracağından bahsetti. Bunlar bana masal gibi geliyor.

Amerika kafayı sıralama ile bozmuş bir toplum. Kendi sınıflarında ilk yüzde 10'da olan bir sürü geri zekalı ve o yüzde 10'da olmayan bir sürü nitelikli insan tanıyorum. Okul başarısı hiçbir şeyi göstermez bence. Claurisse'ciğim yüzde 10 içinde olmadığı için kendine nasıl bir yerde iş bulursa ona razı olmak zorunda kalmış maalesef. Beş yıl Ernst&Young'da -finans ve vergi hukuku konusunda bir numaradır- sabah sekiz-gece on çalışarak hayatından nefret etmiş. Tüm bunlara katlanmasının önemli bir sebebi hukuk fakültesine giderken federal hükümetten almış olduğu 50 bin dolar civarındaki borçların vadesinin gelmiş olması. Burada hukuk fakültesi gerçek bir soygun. Önce bir üniversite bitirdikten sonra gidilebiliyor. Genelde ilk üniversite eğitimini aileler karşılıyor. Sonrası hukuk fakültesine gidecek kişiye kalmış. Birçok kişi hükümetten borç, daha doğrusu bir tür kredi alıyor. Bu sayede herkes para derdi olmaksızın istediği şeyi okuyabiliyor. Ama mezun olunca o krediyi geri ödemek gerektiği için de sevmediğin halde birçok şeye katlanıyorsun. Aslında hükümetin insanlara okumaları için bu kadar çok para verebilmesi iyi ama asıl önemli olan okulların o kadar pahalı olmaması değil mi acaba?

Claurisse vergi hukukundan nefret ettiği için bir süre sonra ikimizin ortak ilgi alanı olan deniz ticaret hukuku firmalarına başvurmaya başlamış. Günümüzde insanların bir şeyi ne kadar yapmak istediklerine değil de tecrübelerine bakıldığı için uzun zaman iş bulamamış. Ancak okulumuz Tulane'de master yaparsa, bu alanda iş bulma şansı olduğunu anlatmış konuştuğu kişiler. Bunun üzerine Claurisse de 30 yaşından sonra buraya gelmiş işte.

14 Eylül 1997

New Orleans Amerika'nın "üçüncü dünyası", yani geri bir bölgesi. Fakirle zenginin iç içe olduğu, inanılmaz yolsuzluk ve kötü yönetim olan bir yer. Biraz Türkiye'yi hatırlatıyor bu bakımdan. Yollar, biraz da etraf bataklık ve şehir deniz seviyesinin altında olduğu ve sürekli çöktüğü için, harap durumda. Üstelik Amerika'nın suç ve cinayet oranı en yüksek yerlerinden biri. Öyle ki, geceleyin kütüphaneden kampustaki yurduma bisikletle gitmeye korkuyorum. Mesafe 1 km. falan. Hava karardıktan sonra karşıdan karşıya geçip bakkala bile gitmiyorum. Zaman zaman silah sesleri geliyor bakkalın o taraflardan. Süper market de tuhaf bir yer zaten. Alış verişimi bitirir bitirmez, derhal dışarı çıkıp, bisikletimin zincirini çözüp, gidona astığım torbalarla hemen oradan ayrılıyorum.

Her ne kadar bisiklet almak hayatımı rahatlatmış olsa da, Claurisse'in arabasıyla şehir dışına alışverişe gitmek çok daha iyi oluyor. Dün yolda bana bir Kuzeyli olarak New Orleans'tan ne kadar nefret ettiğini, nemi nedeniyle yapış yapış ve pis kokulu bulduğunu anlattı beş saat. Tropik üstü iklimin inanılmaz bir şekilde boşanan yağmurları ve nemi hakikaten benim de tuhafıma gidiyor ama abartıyor bence. Burası güzel bir yer, bu Amerikalılar biraz şımarık. Yokluk, pislik görmemişler, bunu pislik sanıyorlar.

Claurisse ile alışverişimiz çok komik geçti. Benim aldığım her şeyi o rafa geri koyuyor, bana ya daha iyi bir markayı alıyor ya da aynı şeyin 35 sent daha ucuzunu buluyordu. O hafta hangi şarküteri ürünü indirimdeyse onu almalıymışım. Claurisse aynı zamanda ödevlerimin İngilizcesini kontrol ediyor, kadın doktoruna gitmem konusunda kafamı ütülüyor ve ABD hakkındaki tüm sorularımı cevaplandırıyor. Şanslıyım böyle Amerikalı bir annem olduğu için.

26 Eylül 1997

New York'ta iş bakmaya başlamamla birlikte Claurisse'le bir ortak yönümüz daha oldu. Ben işverenlere CV'mi ve ne istediğimi anlatan bir mektup yollamayı, sonra da telefonla "Aldınız mı?" diye aramayı düşünüyordum. O ise bunun iyi olmayacağını, direkt telefon açmamın daha doğru olacağını söylüyordu. Nasıl yani hiç tanımadığım birini arayıp, "Ben İdil Elveriş,

Tulane Law School'danım. Hocam Prof. Force sizinle konuşabileceğimi söyledi. Bir staj arıyorum, firmanızda böyle bir imkan var mı?" şeklinde bir konuşma metni hazırlayıp, hayatımda daha önce hiç tanımadığım/ konuşmadığım birini arayacaktım! "Claurisse, böyle hiç tanımadığım birini nasıl ararım, bu çok kaba bir davranış!" diye isyan ettim. "Boş ver, ABD'de herkes kabadır" dedi.

Bunun üzerine utana sıkıla kendime günde iki telefon konuşması yapma görevi vererek iş aramaya başladım. Dünyanın en korkunç şeyi. İlk konuşma kötü gittiğinde, yani bugünkü gibi, konuştuğum kişi bana ters davrandığında, o gün başka telefon edecek moralim kesinlikle kalmıyor. Aradığım bazı kişiler asla yerlerinde olmuyor. Mahkemede, iş gezisinde falanlar. Bu mazeretler, Türkiye'de olduğu gibi, sekreterlerin bir komplosu mu acaba?

Tulane mezunlarıyla genelde çok olumlu geçiyor konuşmalar zira ortak konumuz olan okulumuz var. Konuşabildiğim bu kişilere, "Şu tarihli konuşmamıza atfen" diye başlayan mektuplarla CV'mi gönderiyorum. Ama sonra ne olacak? Çok bunalıyorum. Asla iş bulamayacağım. Bir Amerikalı beni niye iş alsın?

10 Ekim 1997

Geçen gün bataklık gezisine gittik. Hayatımda ilk kez timsah gördüm. Bebek timsahlar. Hatta geçen gün timsah sandviçi bile yedim, sosisli sandviç tadındaydı.

Telefonda konuştuğum New Yorklu avukatlar ofisteler ise, sekreter adımı dahi sormadan hemen bağlıyor telefonu. Türkiye'deki uyuz, "kim arıyor?" muhabbeti hiç olmuyor. Eğer avukat beni tanımıyor veya benimle konuşmak istemiyorsa, bir şekilde sözümü kesip benimle konuşmak istemediğini söylüyor, hiç çekinmeden. Olan bunu duyan bana oluyor, bütün gün mutsuz mutsuz dolanıyorum asla iş bulamayacağımı düşünerek. Yine de en önemsiz insanların sekreterlerine kim olduğumu söylemekten daha iyidir.

19 Kasım 1997

Kabus gibi geçen telefon görüşmeleri maratonu ve gönderdiğim onca CV sonrası bugün ilk defa "New York'ta bulunduğunuzda sizinle tanışmak isteriz" diyen bir mektup aldım CV'mi gönderdiğim bir yerden. Bu bir görüşme işareti mi? Tam da bazı kişileri arayıp, CV'mi alıp almadıklarını sormak ve ilgileniyorlarsa New York'ta ne zaman buluşabileceğimizi kararlaştırmak için harekete geçmek üzereyken. Şimdiye değin listemdeki hemen hemen herkesi arayıp, CV'mi yolladım. Herkes Şükran Günü öncesi bütün bu müracaatları bitirmem gerektiğini söylediği için acele ediyorum. Burada Şükran Günü'nden yılbaşına kadar bir şey olmazmış pek.

Şükran Günü dolayısıyla hocam yabancı öğrencileri evinde yemeğe davet etti. Ne kadar hoş bir davranış. Ailelerimizden uzak olduğumuz için bu güzel Amerikan geleneğini birlikte kutlamamızı istemiş.

30 Aralık 1997

Zeynep yılbaşını ve Noel'i geçirmeye buraya geldi. Birlikte kuzenlerimin yanına, Alabama'ya gittik Noel'de. Şimdilerde eski pamuk çiftliklerini, köle merkezlerini geziyoruz burada. Zeynep gece hayatımıza hayran kaldı.

Okulda herkes bir yerlerde, ailesinin yanında, ülkesinde, ben buradayım. Yılbaşını burada kalanlarla bir Fas lokantasında geçireceğiz. Daha önce gittiğimiz hesaplı ve hoş bir yer. Üstelik dansöz falan da varmış. Tam bize göre.

Ben 1 Ocak günü sabah erkenden New York'a gideceğim. Sekiz adet randevu aldığıma inanamıyorum. Yılbaşının ilk haftasını bu görüşmelerle geçireceğim. Bakalım neler olacak?

15 Nisan 1998

Bir Arnavut, iki Venezuelalı ve ben "we are the world" şeklinde bahar tatilimizde Florida'ya gittik. Bir akşam süper marketten atıştıracak bir şeyler ve bira almak istedik. Hepimiz 25 yaşındayız. Arghemar gidip bir altılık Corona kaptı ama yanında kimliği yoktu. Bunu üzerine biraları benim alacağımı söyleyerek, kendi kimliğimi gösterdim. Tezgahtar kız bir anda biraları elimden zorla çekip, tezgahın altına koydu ve hiçbirimizin alamayacağını söyledi. Şoke olduk. Tezgaha biraları Arghemar koyduğu için (!) kimliğini göstermesi gereken oymuş, ben değil. Ne histerik bu insanlar.

Gezide, Venezuelalılar gibi deniz memleketinden gelen benim de dikkatimi çeken şeylerden biri de, deniz kıyısında bir tane bile bar olmamasıydı. Sebebi ise bar sahiplerinin, geri zekalının biri çok içip, denize girer de boğulursa mirasçıların ihmal ve tedbirsizlik nedeniyle ölüme sebebiyetten açacağı tazminat davalarına hedef olmak istememesiymiş. Birkaç kişinin tekeline alarak, keyfi cezai tazminatlarla hukuku böylesine küçültebildiği bir hukuk sistemini anlamak mümkün değil. Bunu tamamen jüri sistemine ve avukatların kazanırlarsa paranın yarısını aldıkları şart esasıyla çalışmasına bağlıyorum. Bir gün böyle bir davada bir sigorta şirketi milyonlar ödeyebilir diye, birçok insan böylesi hoş bir keyiften mahrum kalıyor. Sonuçta olan kıyı barları da hava kararmadan önce kapatılıyor.

15 Mayıs 1998

New Orleans'ta bir çoğunu bir daha görmeyeceğim bir sürü insandan erken ayrılmak tatsız ama sonunda bir iş bulduğum için ne kadar şanslı olduğum düşünülürse, şikayete hakkım yok. Aldığım tek sürekli iş teklifi buydu.

Galiba asıl zor olan New York'ta bir ev bulmak. New York baro sınavını geçmek için kursa gidiyorum. Kurs için sabah sekizde kalkıyor, dokuz - bir arası durmaksızın anlatılanları yazıyor, yorgunluktan perişan bir halde eve dönüyor, öğle yemeği sonrası biraz dinlenip, yollara düşerek, Village Voice denilen dergide gördüğüm ilanlardaki bir takım evlerin peşinde koşuyorum. Sabah kursta olduğumdan dolayı öğleye doğru arayabiliyorum ilan sahiplerini. Galiba tele-sekretere o saate kadar mesaj bırakan 37. kişi olduğum için hiç kimse beni geri aramıyor. Amerika'da en canımı sıkan şeylerden birisi insanların asla telefona çıkmaması zaten. Bahsettiğim dergiden başka nereye bakabilirim bilmiyorum. Emlakçıya verecek param yok.

Yine de kiraları astronomik rakamlı fare deliği kadar evler görmeyi başardım. Manhattan'da 650 dolara bir odaya baktığımda hissettiğim öfke ve hayal kırıklığını anlatmak mümkün değil. Rengi atmış duvar kağıdı ile kaplı odada bulunanlar 3 yatak, bir ufak buzdolabı ve bir lavabodan ibaretti ve bu iğrenç yeri tutarsam bir de benim için katlandıkları zahmet için kendilerine ekstra bir 650 dolar vermem gerekiyordu. Manhattan'da mantıklı bir fiyata bir yer bulma fikrini unutmaya karar verdim. Şimdilerde Brooklyn'in Park Slope ve Brooklyn Heights denilen mahallelerine bakıyorum ama oralar da Brooklyn'de beyazların oturduğu gettolar olduğu için fiyatlar yine acımasız. Üstelik şu anda Brooklyn'de kaldığım yerden oraya ev bakmaya gitmek kötü metro bağlantısı nedeniyle tam bir işkence, saatler sürüyor. Ve üstüne üstlük ben hep evi görmek isteyen 38. kişi oluyorum. Yeni öğrendiğime göre Village Voice basılmadan bir gün önce ilanlar internette çıkarmış. Bu sayede birçok kişi dergi basılmadan önce ilanları arar ve böylece evler hemen tutulurmuş.

22 Mayıs 1998

Kendime acımaktan daha pozitif bir şeyler yapmak istiyorum ama bana yol gösterecek pek kimseyi tanımadığım bu vahşi şehirde evsiz, parasız, her gün beş saatini kursta geçirmek ve öğrendiği o şeyler için bir de beş saat çalışmak zorunda olan biriyim. İmre'nin eski, dökük ve pis evinde kalıyorum. Evde yemek yemeye iğrendiğim için mahalledeki iğrenç Çin lokantasında yiyorum. Ucuz olsa da zaten olmayan paralarımı buna vermek asap bozucu. Bu evde çalışmak imkansız zira evde bizden başka iki kişi daha var.

Dün gece mutfakta çalışmaya çalışırken koskocaman bir sıçan gördüm. Galiba yandaki evde başlayan tadilat nedeniyle rahatları kaçtı. İstanbul'da olsa kediler bu pis farelere göz açtırmaz ama burada sokakta bir tane kedi bile yok. Tüm bu felaketlere ek olarak dün New York'u sular seller bastı. Bodrum katında kutular içinde duran, New Orleans'tan yolladığım eşyalarım, don, kitap, elbise, tencere, akla gelebilecek her şeyim sırılsıklam oldu. Bugün mezuniyetim için New Orleans'a gittiğim düşünülürse, bütün geceyi ağlayarak ve bir gün kendime bir ev bulup bulamayacağımı düşünerek geçirmek pek iyi değil herhalde. Yüzüm şiş.

Bu sabah uçak için yola çıkmadan önce İmre ile tüm çamurlu sel sularına batmış kıyafetlerimi yıkayıp, kuruttuk. İmre, yaz tatilindeki bir arkadaşının ödünç verdiği 15 yıllık bir arabayla beni havaalanına bırakırken, vakitsizlikten üstümü arabada değiştirmek zorunda kaldım. Beni havaalanına götüreceğini bildiği halde arabaya benzin almayarak yol boyunca benzin göstergesinin kırmızı göstermesine ve beni olduğumdan daha da germesine kızmamaya çalışarak tabii. Alana vardığımda uçağın kalkmasına sadece 20 dakika vardı. Deliler gibi kapıya koşarken elimdeki çantanın sapı da koptu. Mahmutpaşa'dan alındığı için zaten omuz askısı daha önceden kopmuş olan çantayı altından tutarak koşmaya devam ettim.

Uçağa bindiğimde en arka sırada, pencere kenarında ama aslında penceresi olmayan bir yerde oturduğumu görünce elbette hiç şaşırmadım. Sonuçta son 24 saatte başıma gelmedik çok az felaket kalmıştı. Şu anda bir yandan sinir içinde bunları yazıyorum, bir yandan da uçağın düşerek, tüm bu dertlerime bir son vermesini bekliyorum.

24 Mayıs 1998

New Orleans'ta eğlenceli gezmeler ve üzücü vedalaşmalar ertesi yine New York'ta ev arama zorluklarına dönmek oldukça acıklı. Kendimi bir kısır döngünün içinde hissediyorum. Göçebe yaşamaktan ders çalışamıyorum. Kursa gitmekten ev bakacak vaktim kalmıyor.

En sonunda kaldığım mahallede etrafa bakınıp uygun bir yer bulmak için uğraşmaya karar verdim. Çünkü başka yolu yok. İki blok ötede bir binanın duvarında "Kiralık Daireler" yazısını görünce içeri girip, idareyle görüşmeye gittim. Beni götürdükleri daire yerleri parke, eve ait balkonu, iki odası olan gayet şirin, eski kiracının kirayı ödemediği için evden atıldığı bir yer. Ev o zamana kadar gördüğüm en güzel ev. Kira 1175 dolar. Yani bir oda arkadaşı bulursam rahatlıkla ödeyebileceğim bir miktar. Derhal Claurisse'i aradım. Evi beğendiğimi ama ev arkadaşı bulamazsam kiranın hepsini ödeyecek kadar para kazanamayacağımı anlattım. Claurisse New York'ta herkesin ev aradığını, mutlaka birini bulacağımı, evi beğendiysem tutmamı, endişelenmememi söyledi. Ne yapacağım? Ya bu evi de kaçırırsam?

25 Mayıs 1998

Sabah hemen idareye giderek, evi tutmak için ne yapmam gerektiğini sordum ve hakkımda araştırma yapmalarına izin verdim. Ne kadar maaş aldığımı öğrenmek için işverenimden yazı istediler, hemen işyerini arayarak yazıyı fakslattım. Ama bu yazıyı görünce de, maaşımın o evin kirasının hepsini karşılamaya yetmeyeceğini bildirdiler, bunun üzerine bir ev arkadaşı bulacağımı söyledim. Ama bu cevabı da beğenmediler ve şimdilik kira kontratı benim üzerime olduğu için, örneğin kefil gibi, başkaca bir garanti göstermem gerekiyordu. Ayrıca onlar ev arkadaşımın geçmişini araştırıp onaylamadan ve o kişi de kira kontratını imzalamadan zaten kimseyi alamazmışım.

Çaresizlik ve korku içinde annemi aradım. Allah'tan annemin eşi Amerikan vatandaşı. Derhal idareye ABD'deki yatırımlarını gösteren belgeleri faksladı ve onun kefil olması sayesinde de bugün öğleden sonra kontratı imzaladık. İnanamıyorum. Annemin eşinin imzasının aslına uygun olduğunu onaylatmak için kontratın bir kopyasını İstanbul'daki Amerikan Konsolosluğu'na faksladılar.

Eve bir an önce taşınmam gerektiğinden yerlerin parke cilasını beklemek istemiyorum. Zaten cilalılar. Hiçbir şeyi şansa bırakmayan idare, ilerde onları parkelerin cilalanmamış olmasından dolayı sorumlu tutmayacağıma dair bir kağıdı bana yine de imzalattı. Tüm bunların şaşırtıcı bir 36 saat içinde olduğuna inanamıyorum. Galiba ben de tüm dişli New Yorklular gibi, bir iş olana kadar peşini bırakmamayı öğreniyorum.

Daireye başka bakanlar da olduğu halde bana öncelik tanımaya karar vermişler. Avukat olduğum için mi, bana acıdıkları için mi, eve ödeyecek param olduğunu ispat etmek için canla başla didinmemden mi...? Galiba zenci mahallesinde ev arayan cici beyaz kız imajının da faydası olmuş.

27 Mayıs 1998

Sonunda bir evim var, içi bomboş olsa da. Derhal kutularımı ve bavulumu taşıdım evime. Bir Çinlinin dükkanından, epeyi sıkı pazarlık ederek, peşin parayla 160 dolara bir yatak aldım. Hatta nakliye parası vermemek için yatağı İmre ile arabanın tepesine iplerle, "kıro Türk usulü" bağlayarak eve getirdik ve evime bu sayede yerleştim. İmre süt kasalarının üstüne konmuş bir tahta ile tasarım şaheseri bir çalışma masası yarattı bana. Sandalye ve lamba da verdi. Yaşasın!

10 Haziran 1998

Bugün moralim çok bozuktu. New York Times'ta zaten görmek istediğim 'Buffalo 66' filminin bu akşamki gösterimine filmin yönetmeni ve başoyuncusu (ve yavru Calvin Klein mankeni) Vincent Gallo'nun geleceğini okudum. İçimden bir ses bu akşam onunla tanışacağımı söyledi. Niye bilmiyorum ama giyindim, süslendim ve Angelica'nın yolunu tuttum. Tam Houston ile Broadway'in kesişme noktasındaki benzincinin orada ışıklarda karşıya geçmek için beklerken bisikletiyle Vincent Gallo yanımda durup bana saati sormaz mı? Galiba medyumum diye düşünürken, şaşkınlıktan zar zor "Saatim yok" diyebildim.

Sinemanın önüne vardığımda, o da bisikletini zincirliyordu. Bana bakmasından cesaretlenerek "Sen filme geç kalmıyor musun?" gibi dünyanın en anlamsız sorusunu sordum. Sanki anlamlı bir soru sorsam değişecek bir şey varmış gibi. Neyse... Film bittikten sonra Vincent seyircilerin sorularını cevapladı. Hayatımda gördüğüm en alaycı adamdı. Saçma sorular soranları yerin dibine batırdı. Ben de soru sormaya korktum tabii ve ilişkimiz böylece bitti.

15 Haziran 1998

Kutulardan çıkmış eşyalarım, yerdeki bavulda duran kıyafetlerim, biricik mobilyalarım olan masam ve yatağımla birlikte yaşamayı sürdürüyorum. Günde beş saat kursa gidip dört saat çalışarak. Kursun verildiği Brooklyn'de bir daire bulmamla günde 1,5 saatimi metroda geçirmekten ve üç dolar metro parasından da kurtulmuş oldum. Bu arada New Orleans'tan yollamış olduğum bisikletim de geldi. Böylece her yere bisikletle gidebilmeye de başladım. Kendime sadece pazar günü biraz dinlenme izni verdim, şimdiden biraz yorgunum.

Şimdi bir ev arkadaşı bulma derdi gelip çattı tabii. Verdiğim ilana sadece kaçıklar cevap veriyor. Gelen herkese benimle ilgili bilmeleri gereken iki şey olduğunu söylüyorum: Bir, eve Türkiye'den çok ama çok misafir gelecek ve bunun onları rahatsız etmemesi gerekiyor. İki, eğer temiz değillerse onları öldürebilirim. Aynen böyle. Bunu söyler söylemez kızın biri bazen aynı bardağı bir hafta boyunca kullanmasının beni rahatsız edip etmeyeceğini sordu. Bir diğerinin derdi kedisinin kumunu nereye koyacağıydı. Biri, acaba ses açma egzersizi yapsa rahatsız olup olmayacağımı sorarken, bir diğeri ise "Esrar içsem rahatsız olur musun, balkonda tabii?" diyordu. Hayır, pot içilmesi beni rahatsız etmez ama bana sorduğun ilk soru buysa, acaba senin hakkında ne düşünmem gerekiyor? Bu ve bunun gibi şeyler.

19 Haziran 1998

Zaman giderek daralıyor. Bir dahaki ay da kiranın hepsini ben veremem. Bir ev arkadaşı bulmam şart. Evi 'Roommate Finders' adı verilen kuruluşun ilanlar listesine koydurdum. Evi anlatarak nasıl birisini istediğimi söyledim. Ve bu sayede Katie diye bir kız çıkageldi. Ailesiyle gelip gelemeyeceğini sordu. Farklı biri. Birlikte yaşamayı düşünen iki insan olarak öğle yemeğine çıkmayı ve birbirimizi daha iyi tanımamızı önerdi. Galiba Katie ev arkadaşım olacak.

20 Temmuz 1998

Tüm bu işkenceye katlanırken beni umutlandıran, teselli eden tek bir düşünce vardı. Baro sınavı ertesi Türkiye'ye gidip, işe başlamadan önce bir ay dinlenmek. Tek sorun baro sınavından bir süre önce vizemin bitmesi. Ülkeden çıkarsam vizenin bana bir yıl çalışma izni vermesine ve hatta böyle bir kart almış olmama rağmen, güçlüklerle karşılaşabileceğimi öğrendim. Herkes, öğrenci vizem çalışma vizesine dönene kadar Türkiye'ye gitmememi söylüyor. Çalışma hayatım başlamadan bitmesin diye Türkiye'ye gitmekten vazgeçmek zorundayım galiba. Moralim çok bozuk.

28 Temmuz 1998

Kendi kendime "Artık çalışamıyorum!" diye sinir krizi geçirip ağlaya ağlaya Connecticut'ta oturan Elif'i aradım. Zavallı kızcağız ben telefonda ağlarken beni yanına çağırıyor, ben de "Şimdi nasıl kalkıp tren istasyonuna gideceğim" diye ağlıyordum. Hiçbir şey yapacak gücüm kalmamıştı. Elif, iki ay boyunca günde sekiz saat ders çalışan herkesin böylesi bir krize gireceğini, New York'tan çıkmam gerektiğini, hafta sonunu onunla, ders çalışmadan geçirmemi söyledi. Sonunda New York'tan kaçtım. Döndüğümde sadece sınavdan önceki gün çalışacak vaktim kalmıştı. Sınavın berbat geçtiğini söylemeye gerek yok herhalde.

25 Ağustos 1998

İşyerinde ilk haftam patronuma 'Mr.Vengrow' yerine 'Steve' demeyi öğrenerek, bana verdiği ilk işi iyi yapabilmek için bunalarak geçti. Amerika'da insanların işyerlerinde birbirlerine hep ilk isimleriyle hitap etmesi başlangıçta çok garibime gitmiş olsa da, artık buna bayağı alıştım. Hatta bunun iyi ve rahat bir şey olduğunu düşünüyorum.

Zamanla işimi daha iyi kavrıyorum. Steve'in en önemli özelliklerinden biri vaktinin olmaması. O yüzden bir iş yapmamı isterken olayların yarısını anlatıp, yarısını atlıyor. Verdiği dosyayı okuduktan sonra, olayın tamamını anlayabilmek için gidip ek bilgi istemek zorunda kalıyorum. Bana verdiği bu ilk işte bir süre debelendikten sonra, odasına gidip birkaç soru sordum, sonra da anlatmadığı şeylerin ne denli önemli olduğunu anlayıp "Sen bana her şeyi anlatmamışsın ama" diye sitem ettim. Ayrıca incelediğim mahkeme içtihatlarının müvekkilimizin aleyhinde olduğunu söyledim. "Senin görevin o mahkeme kararlarını nasıl aşabiliriz, bana onu söylemek" dedi.

15 Eylül 1998

Ne yapmalıyım, olmayan bir hukuk mu yaratmalıyım? Bir şeyi atlayacağım korkusundan Brooklyn Law School'un kütüphanesinde kanunun kabul edildiği sıradaki kongre tutanaklarını bile araştırdım. Sonunda nerelerde problem olduğunu, nereleri kolayca aşabileceğimizi, nerelerin iki yöne de çekilebileceğini gösteren bir memorandum yazarak teslim ettim. Steve beğendi, beni "yaratıcı" buldu. Böylece biraz rahatladım. İlk ödevini beceremeyip kapıya konulanlardan olmayacağım.

Burada, Avrupa'nın tersine, iş konusunda hiçbir garanti yok. İlk gün işe başlar başlamaz elime tutuşturulan, işyerinin bütün kurallarının anlatıldığı dosyaların daha en başında "Bu bir iş sözleşmesi değildir. Her an sebepli ya da sebepsiz işten çıkarılabilirsiniz" yazılıydı. New York'a hoş geldiniz.

Zaman geçtikçe Steve'in ne kadar insanı dinlemeyen, üç kelime edince sonra gelecek tüm cümleyi biliyormuş gibi söz kesip, aslında tamamen yanlış sonuçlara varan biri olduğunu anlıyorum. Örneğin imzalaması için götürdüğüm bir dilekçeyi, "Bunu daha önce imzaladım ya, sen ne yaptığını bilmiyorsun!" diye imzalamıyor. Bunun üzerine gidip bürodaki dert ortağım Mike'a şikayette bulunmam gerekiyor. Zira Mike, Steve'e başkalarının anlatamadığı şeyleri anlatma görevini de yürütüyor. Örneğin imzalamasını istediğim şeyi daha önce imzalamadığını, ikisinin ayrı dosyalar olduğunu anlatmak gibi şeyler. Bu açıklamaların ardından Steve dilekçeyi imzalarken, "Bir daha bana bağırmadan önce anlattıklarımı dinlersin inşallah" demeyi de ihmal etmedim tabii.

20 Eylül 1998

İşe ve Steve'in şevkimi kıran yorumlarına alışmaya çalışırken bir yandan da bürodaki diğer avukatları tanımaya çalışıyorum. Elbette insan ilk başladığında çok fazla yapacak işi olmuyor. Boş vakit buldukça zamanı olduğuna inandığım Randy'ye gidip konuşuyorum. Randy aynı zamanda sekreterimi paylaştığım kişi. Lorri ikimiz için de çalışıyor. Hatta Lorri ve ben aynı gün işe başladık.

Lorri gerçek bir sorun yumağı. Kocasından ayrı ve üç çocuğu var. Çocuklardan biri obezite, yani Amerika'da hayli yaygın olan bir sorunu var. Ve üstüne üstlük maaşı az. Ayrıca iyi bir sekreter de değil, gayet dikkatsiz. Yani bir sekreterin en olmaması gereken şey. Verilen yazıda yaptığım düzeltmelerin yarısını yapmadan ve en önemlisi verilen nüsha ile kendi bastığı nüshayı karşılaştırıp, bir şeyi atlayıp atlamadığını kontrol etmeden, tarihleri hep yanlış olan yazılar vererek insanı çıldırtıyor.

Bugün Randy beni odasına çağırıp kapıyı kapadı. Amerika'da garip bir şekilde işyerlerinde kapılar hep açık duruyor. Kapı kapandığında biliyorsun ki bir şeyler oluyor veya ciddi bir şey konuşulacak. Randy, Lorri hakkında ne düşündüğümü sordu. Ben de iyi bir sekreter olmadığını söyledim. Benimle aynı fikirde olduğunu, bu nedenle onu işe almadan önce yapması gereken şeyi şimdi yaparak eski işverenini aradığını söyledi.

"Sorunu sadece kötü sekreterlik değil, aynı zamanda eski işyerinde zimmetine para geçirmeye çalıştığından hakkında dava açılmış" dedi. Davanın sonucunu sorduğumda devam ettiğini söyledi. Lafın nereye geleceğini anladığım için bundan sonrasında aramızda şöyle bir diyalog gelişti:

Ben: Her insan suçu ispat edilinceye kadar suçsuz değil midir? Bu çok ciddi bir suçlama.

O: Bu işyerinde böyle birini bulunduramayız. Bir avukat başka bir avukata böyle bir konuda niye yalan söylesin?

Ben: Yalan söylüyor demiyorum, ya yanılıyorsa? Ayrıca bir kişinin aksi ispatlanıncaya kadar suçsuz olduğuna avukatlar inanmayacaksa, suçsuzluk karinesini[1] avukatlar ciddiye almayacaksa aynı şeyi başkalarından nasıl bekleriz?

O: Böyle biri bu büroda çalışamaz!

Ben: Ya beraat ederse ne olacak? Sonuçta burada ona muhasebecilik görevi değil, sekreterlik görevi veriyoruz. Her hangi bir şeyi zimmetine geçirmesi mümkün değil.

O: Müvekkillerimiz var. Bu kızın müvekkillerin dosyalarına yakın olmasını istemeyen başka avukatlar da var.

Ben: Yani benden önce diğerleriyle de konuştun?

O: Elbette konuştum. Steve bu iddiaya inanıyor ama bana bıraktı. Paul inanmıyor. O da bana bıraktı.

Ben: Ben de sana, doğru olup olmadığı belli bile olmayan bir iddia nedeniyle onu kovmak istemeni anlayamadığımı söylüyorum. Kötü bir sekreter olabilir ama bu iddia nedeniyle işten çıkarılmasına karşıyım.

İşte böyle... Steve'in tehditkar üslubunun şaşkınlığını üstümden atamamışken, bir de Randy'de, New York'un bu hep anlatılan tutucu avukat zihniyetinin tipik bir örneğiyle karşılaştım galiba. Nasıl insanlarla çalışıyorum ben? Bu insanların kalpleri var mı?

25 Ekim 1998

Steve bugün geldi, "Bu yaptığın araştırma doğru mu?" dedi. İçimden "Hayır, sana yanlış bilgiler veriyorum ki müvekkiline mahcup ol" demek geldi. Elbette doğru olduğunu söyledim. "Bunları karşı tarafa yazacağım cevapta kullanacağım, eğer yanlışsa ben batacağım, ama bil ki batarken seni de elinden çekeceğim. Titanik gibi birlikte batacağız" dedi. Ben de "Eğer hatırlıyorsan Titanik'te kadınlar ve çocuklar kurtulmuştu, batanlar sadece erkeklerdi" dedim. Bir an ne diyeceğini şaşırarak, "Bu Titanik öyle olmayacak" diyerek çekip gitti.

İşte her günü böyle bin bir tane karşılıklı sokuşturmayla geçiriyoruz. Zaman zaman bana bağırıyor, ertesi gün özür diliyor ve sonra da bu bağırmalara dayanmamın kendisinden almakta olduğum "US Marines" eğitiminin, yani Amerikan deniz piyadeleri eğitiminin bir parçası olduğunu söylüyor. Evet, Vietnam'a gitmiş bir komandoyla çalışıyorum! İşin kötüsü adam kendisini hala Vietnam'da sanıyor!

Lorri olayından sonra Randy ile iş dışında yaptığımız bütün konuşmalar tamamen zıt kutuplarda olmamızla sona eriyor. Sonuç olarak Randy tekrar yeni bir sekreter almak gibi bir dertle uğraşmamak için Lorri'yi kovmadı. Bunda benim de etkim olduğuna inanmak istiyorum. Ne de olsa Lorri için üzülüyorum. Bakmak zorunda olduğu üç çocuğu, iğrenç bir kocası var. İyi bir sekreter değil. Başının derde gireceği belli. Onun için her şeyi daha da zorlaştırmak istemiyorum.

10 Kasım 1998

Randy ile bir başka tartışmamız da ABD'de azınlıkların hayata daha çok katılmasını desteklemek için ortaya konmuş olan 'Affirmative Action' konusu oldu. Bu programın mantığı daha önce fırsat eşitliğine sahip olmayan azınlıklara çeşitli tercihlerde öncelik vermek. Örneğin iki farklı ırktan iki kişi bir işe başvurduğunda, ayrıcalıklı ırka sahip olanın tercih edilmemesi gibi. Çünkü insanlara "artık eşitsiniz" denildiğinde hemen eşit olmuyorlar, bu artık herkesin bildiği bir gerçek. Böyle bir programla devlet eşitliğin yaratılması için çaba göstermiş oluyor. Örneğin bir beyaz ile bir siyah aynı özelliklere sahipler, aynı iş için başvuruyorlar ve siyah tercih ediliyor.

Randy artık ırk ayrımcılığı zaten yasak olduğu için bu programa kesinlikle karşıydı, bunun beyazlar aleyhine işlediğini, kontenjan ayrıldığı için Hispanik ve siyahların o okullara gittiğini (zira beyazlara göre not ortalamaları hep daha düşük), oralara gitmeyi beyazlar gibi notları ile hak etmediklerini söylüyordu. Örneğin siyah bir doktorla karşılaştığında aklına hep bu doktorun hak ettiği için mi yoksa siyah kontenjanı sayesinde mi oraya geldiğini düşünüyor, bu yüzden siyah doktorlara güvenmiyordu. Bir yabancı olarak böyle bir programın gerekliliğini ben bile kavradığım halde kendisinin bir Amerikalı olarak böyle düşünmesine oldukça şaşırdığımı, siyah doktor gördüğümde aklıma hiç böyle bir şeyin gelmediğini söyledim[2].

Gerçekten de gelmiyor. Niye gelsin ki? Bence birini tercih etmek bir seçimin doğal sonucu. Sonuçta Brooklyn'deki jinekoloğum siyah. Adamın tek beyaz ve hamile olmayan hastası kesin benim. Ama ben bunu komik buluyorum. Onun kabiliyetinden şüphe etmek hiç aklıma gelmedi. Zaten beyazlar için hayat o kadar kolay ki, onlara haksızlık yapılıyorsa bile bunu o kadar önemli bulmuyorum.

Randy'nin en önemli iddialarından biri de şuydu; şimdiye kadar birçok örnekle de görüldüğü üzere, Asyalılar ABD'de çok çalışıp başarılı oluyorlar ama siyah ve Hispanikler'de durum hiç de böyle değil, demek ki sorumlusu da kendileri. Ben de bazı şeylerin biraz da kültürel ve tarihsel olduğunu anlatmaya çalışıyordum. Köleliği kastediyordum. Sonuçta Asyalılar daha otoriter, katı toplumsal yapılardan, siyah ve Hispanikler ise daha isyankar kültürlerden geliyorlardı. Ama Randy kültürel farklılığı tamamen başka bir yönüyle açıkladı; ona göre siyah ve Hispanikler tembel, Asyalılar ise çalışkandı.

18 Kasım 1998

Geçen gün Steve, Atlantik'in ortasında ikiye bölünüp batan

CARLA adlı geminin ilk duruşma öncesindeki görüşme için beni federal mahkemeye götürdü. Aman ne binaydı o yarabbim? Daha evvel staj için New York'a geldiğimde de görmüştüm gerçi ama bu sefer daha bir ihtişamlı gözüktü gözüme. O ne nezih, temiz, beş yıldızlı otel görüntülü yer öyle... İnsan avukat olmasıyla gurur duyuyor. Duruşma da çok eğlenceli geçti. Aşağı yukarı 25 tane avukat vardı, 20'si yük tarafını, 5'i de bizim gibi gemi tarafını temsil eden. Yargıç "New York'taki bütün deniz hukuku avukatları burada galiba" dedi. Çok hoş.

Bu arada Steve beni dün de limana götürdü. Holland Hook limanı, Brooklyn'in iğrenç bir bölgesinde. Biz vardığımızda gemi de uzaktan yavaş yavaş yanaşıyordu. Sahilde FBI, Gümrük, Göçmen Bürosu ve bilumum diğer kanun adamları vardı. Henüz çalışma izni vize başvurusu süren, geçici vizeyle çalışan bir yabancı olarak doğrusu biraz korktum bu adamları görünce. Ayrıca geminin sorununun ne olduğunu İngilizce "stowaway" kelimesini bilmediğim için anlamamıştım. Meğersem bu, gemide kaçak yolcu demekmiş. İkisi Sierra Leoneli, biri Angolalı üç kaçakmış bunlar, 20- 23 yaşlarında. Steve bu tür insanların hayatlarını o gemiden bu gemiye atlayarak geçiren hırsız tayfasından olduğunu söyledi. Bunların hepsi suçluymuş, ona kalsa hepsini denize atarmış. Ama işte gemi sahipleri tüm masraflarını üstlenerek ülkelerine geri dönmelerini sağlamak zorunda. Ayrıca çoğu zaman gemiyi limandayken iyi kontrol etmeyerek, bu adamların gemiye girmelerine izin verdikleri için ceza ödemek de cabası. Üstüne üstlük bundan sonra her Amerikan limanına girişinde, daha önceki vukuat sebebiyle şüpheliler listesinde olduğu için çok daha fazla incelemeye tabi tutulmak gibi şeylere katlanmak zorundalar. Ben Sierra Leone'de iç savaş olduğunu, gerillaların kendilerinden olmayanların ellerini kollarını kopardığını okumuştum. Bunu Steve'e söylediğimde, orada iş için bulunduğumuzu, yanında herkes için üzülen bir liberale ihtiyacı olmadığını söyledi ters ters.

Yük gemilerinde personel dışında yolcu olmasına uluslararası kurallar uyarınca zaten izin yoktur. Steve ile ben de gemi sahibini temsilen oradaydık. Gemi demirleyince kaptanla görüşmek için gemiye çıktık. Bu arada FBI ve diğer tüm kanun adamları da gemiye girdi. Ben ne olduğunu anlamaz bir şekilde Steve'in peşinde sus pus olanları izlemeye çalıştım. Yabancı olduğum anlaşılmasın diye hiç konuşmadım, zaten söyleyecek bir şeyim de yoktu. İşime duygularımı karıştırmak gibi haksız bir iddiayla beni suçladığı için Steve'e kızdığım gibi, bu kadar kalpsiz olmasına da sinir oluyordum. Sonuçta bu insanlar için üzülsem de yapmam gerekeni yapamayacak biri değilim. Kaptan ve personelin ifadesini aldık. Adamların fotoğraflarını çektirip, ayrı ayrı odalarda tecrit edilmelerini söyledi Steve. Hatta zincirlenmelerini söyledi. Efendim karaya çıkıp Amerika'ya girmek için kendilerini duvarlara atıp, kendilerine zarar bile verebilirmiş bu 'Allahın cezaları.' Sonra da siyasi sığınma falan isterlermiş.

Steve adamların zincirlenmelerini söylediği anda içimde bir şeyler oldu. Başkalarının çektiği sıkıntılara karşı bu kadar duyarsız olunmasına inanamıyorum. Yani bir insan kendine zarar verecek kadar umutsuzsa, başka bir insan nasıl bu kadar kalpsiz oluyor?

25 Kasım 1998

Baro sınavını geçemeyeceğime o kadar inanmıştım ki sonuçların internette açıklanacağı dün akşam üzgün üzgün yattım yatağa. Gecenin köründe "İdil, geçtin" diye kendiyle birlikte benim için de sonuçlara bakan Irmak ve Hakan'ın telefonuyla aldım iyi haberi. İnanamıyorum. İşe gittiğimde gazetede adımı görüp ancak öyle inanabildim. Annemler de çok sevindi. Bu sayede işimi kaybetme korkum da biraz geçti. Steve ile Paul beni içmeye götürecekler.

New York'ta avukatlar işkolik, dolayısıyla çok içen, aile hayatları bu tempo nedeniyle yürümeyen, ya boşanmış ya da Steve gibi malın mülkün yarısını eşine vermemek için evli kalan ama karısını hiç kaale almayan insanlar. Elbet bu bir genelleme. Yine de geçerlilik oranı yüksek. Örneğin Amerika'da avukatların üçte ikisi bir içki sorunu olduğunu kabul ediyor. Yani üçte biri durumu inkar halinde.

Geçen gün Steve'in karısına "Gerçek hayat böyle değil Regina. Evet, biliyorum, elma ağaçtan çok uzağa düşmez" diye bağırdığına şahit oldum. Galiba oğlu da Steve gibi çok içiyor. Mike'ın dediğine göre, karısı Steve'i koynundan atmış. Bizimki garajda köpekle birlikte uyuyormuş. Eminim bunu hak edecek bir şey yapmıştır. Müstahak.

15 Ocak 1999

Randy daha hayatında bir haftadan fazla tatil kullanmamış. Çalışmaktan başka bir şey bilmiyor. Hatta onunki ABD gibi kafasını başarı ile bozmuş toplumlardaki klasik bakışı yansıtıyor: "Eğer fakirsen suç senin. Demek ki yeterince çalışmıyorsun!" Ayrıca Amerika'nın fırsatlar ülkesi olduğu şeklindeki propagandaya da fena halde inanıyor. Sadece güçlülerin kurtulduğu, yaşadığı, başarılı olduğu, güçsüzlerinse süründüğü, suçlandığı bir anlayış bu. Evet, Amerika elbette fırsatlar ülkesi ama sadece iyiler, başarılılar, güçlüler için. Ortalama, güçsüz ya da başarısızsan, ölebilirsin.

Çalışmanın kutsanması Amerika'nın ne kadar püriten bir ahlak anlayışı üzerine kurulduğunun en önemli göstergesi durumunda. Katie, Noel ve Şükran Günü dışında hiç tatil kullanmadığını söyledi. Parasını daha iyi şeyler için biriktirmesi, tatil için harcamaması (ya da savurmaması demeli) gerektiğini düşünüyor. Tiyatro setlerinde marangozluk gibi fiziksel olarak çok yorucu, sabah sekiz-gece on iki çalıştığı bir işi olmasına rağmen tatili düşünmüyor. Çoğu kez onu ikna etmeye çalıştım ama o da çok püriten bir aileden geldiği için anlayamadı. Anlayamıyorlar. Geçen gün ona bikininin yakışıp yakışmayacağını sordu. Ben de niye böyle bir soru sorduğunu anlamadım. Yani niye yakışmasın ki? Ailesinin bikini giymesine izin vermediğini, o yüzden bilmediğini söyledi. Çok şaşırdım tabii.

Amerika'da en canımı sıkan muhabbetlerin başında yeni tanışılan insanların sorduğu "Amerika'yı nasıl buluyorsun?" sorusu geliyor. Sorunun amacı Amerika'nın nasıl olduğu konusunda bir yabancının yapacağı yorumları merak etmekten çok, Amerika'nın dünyanın en mükemmel ülkesi olduğuna dair sarsılmaz inançlarını bir yabancının ağzından tekrar duymak, böylece kendilerini daha iyi hissedebilmek.

Geçen gün sörveyorlerin[3] toplantısına gittim. Orada aynı masada oturduğum adamlardan biri benimle tanışmasının hemen ertesinde, bana Türkiye'de kadınların durumunu sordu. Ben de yemekten önceki kokteyl sırasında zaten aç karnına birkaç votka götürerek kafayı bulmuş olduğum ve bu soruyu soran adamın amacının Amerika'nın Türkiye'ye göre ne kadar iyi bir yer olduğunu duyup, kendini tatmin etmek olduğunu bildiğim için şöyle cevap verdim: "Türkiye'de kadınların durumu gayet iyi, 13 yaşında evlendiriliyoruz, 30 yaşında ölene dek her yıl bir çocuk doğuruyoruz, kocalarımız bizi dövüyor ama biz bunu zaten hak ediyoruz. Ayrıca dövülmek hoşumuza gidiyor!" Bunu duyan adam önce şöyle bir durdu, sonra onunla alay edip etmediğimi sordu. Ben de "Bildiniz!" dedim. Bunun üzerine kadınların durumunu konuşmadık.

1 Şubat 1999

Annemlerin gelmiş olması, kardeşimin doğum gününü burada kutlamak, hep birlikte olmak harika. Bana cezve, çay, rakı bardağı ve istediğim diğer her şeyi getirmişler. Küçük bir Türkiye kurdum mutfakta. Bir an önce çalışma vizem hallolsa da Türkiye'ye gideyim diye can atıyorum. O kadar özledim ki. Türkçe şarkı dinleyince gözlerim doluyor. O yüzden dinlemiyorum.

İnsan yurtdışında olunca, başka insanların kendi ülkesini nasıl gördüğünü, hangi olaylar nedeniyle tanındığını da çok iyi görüyor. Türkiye'nin Kürt, Ermeni ve Yunanistan sorunlarıyla tanındığı bir gerçek. Yabancıların Türk olduğumu duyunca sordukları ilk sorular bunlar. Nedense benim tanıştığım hiçbir Amerikalı'ya ilk soru olarak "Amerika'daki siyahların durumu nedir?" diye sormak aklıma gelmiyor. Ya da bir Fransız'la tanışıp Cezayir İç Savaşı'nda neler olduğunu sormuyorum. Bir arkadaşım Ruandalı bir arkadaşına herkesin soykırımı sorduğunu söyledi. İnsanlar çok düşüncesiz olabiliyor. Belki de Almanların Yahudiler, Amerikalıların da zenciler olmasa bile yerliler konusunda sorulara maruz kalmamalarının sebebi, iki ülkenin de geçmişteki yanlışları onarmak için gerekli adımları atmış, maddi onarımlara gitmiş olmaları. Yine de konuşacak konu mu yok? Özellikle yeni tanışıldığında.

13 Mart 1999

Geçen gün biraz korktum metroda dönerken. Param olmadığı için taksiye binemedim ve bulunduğum kompartımanda yalnız kaldım. Gece ya da gündüz etrafta neler olup bittiğine dikkat ederek sokakta yürürüm zaten hep. Asla kulağıma walkman takıp yürümem örneğin. Takip edilip edilmediğimi bilmek için. Ya da gece geç saatte tek başına metroya binmem. Bineceksem platformda tek başıma değil, bir kat yukarda bilet satan memurun yanında bekler, trenin sesini duyunca aşağı inerim. Trende de içinde kimsenin olmadığı vagonlardan ziyade, kondüktörün olduğu ilk vagonu tercih ederim. İşte kompartımanda yalnız kalmışken, son duraktan önce biri bindi, kompartımanda ikimiz kaldık. Çıkışta duraktan eve çok hızlı adımlarla, önde yürüyen insanlardan ayrı düşmeyecek şekilde yürürken herifin de benle yürüdüğünü anladım. Evim sadece bir blok uzakta olduğu halde, metro çıkışı pek hoş bir yer olmadığı için bu tür şeylere çok dikkat ederim. Adam sonuçta beni takip etmiyormuş ama korktum bir kere. Aslında en doğrusu gece 11'den sonra eve yalnız dönmek gerektiğinde hiç riske girmeden bir taksiye binmek. Ama insanın her zaman buna verecek 10-12 doları olmuyor. İçimden gelen sese kulak veririm genelde. Bazen canım gece kendi başıma hiç metroya binmek istemez. "Paranın içine ederim" der, taksiye binerim. Bazen de "Aman ne olacak?" der ve metroyla dönerim. Ama işte bu sefer basiretim bağlandı galiba.

Buna benzer bir korkuyu benim mahalledeki spor merkezine gittikçe de yaşamışımdır. İnsanı mahallede olay oldukça oraya buraya asılan "Bu adamı gördünüz mü?" başlıklı robot resimler de korkutuyor. Ya da bazen Williamsburg'a gitmek için bindiğim G treninde "Bu trende bir cinsel taciz vakası yaşandı" türü yazılar görmek. Yapacak bir şey yok. Korka korka dikkatli oluyorsun. Tedbiri elden bırakmıyorsun. Antrenman çıkışı karanlıktan değil, caddenin kenarında park etmiş arabaların hemen paralelinde yürüyorsun kaldırım yerine ki, birisi sana bir şey yapacak olursa yoldan geçenler seni görsün. Ağaçlara, parklara, kolundan tutulup götürülebileceğin, görülmeden başına bir şey gelebilecek yerlere yaklaşmıyorsun.

5 Mayıs 1999

Sonunda çalışma iznim çıktı ve memlekete gidip döndüm, yolda İngiliz müvekkillerimizi de ziyaret ederek. Allahım bu dozda Amerika bana çok fazla. Yani bu kadar uzun süre bu ülkeden çıkamamış olmak. İngiltere, Amerika'ya göre, o kadar hoş geldi ki. Kuzey Denizi kıyılarında gelgitin olmadığı zamanlarda tekneler kumun üzerinde oyuncak gibi duruyorlardı.

Türkiye'yi çok özlemişim. Geri gelirken uçakta mahvoldum. Randy, işle karışık olsa da, bu Türkiye gezimde iki haftaya yakın tatil kullanmamı kesinlikle anlayamadığını söyledi. Beni ayıpladığını fark ettim. Ben de damarına basmak için, "O kadar çok çalıştığın için sana teşekkür eden oldu mu? Yapman gerekeni yaptığını söylediler, değil mi?" dedim. Sonunda, üç çocuğu olduğu ve karısı da çalışmadığı için hiçbir zaman iki haftalık bir tatile çıkacak kadar parası olmadığını itiraf etti. Yani neredeyse parası olmuş olsa tatile çıkabileceğini söyleyecek ama iki gün izin aldığında bile arayan müvekkillere izne gittiğinin söylenmesini istemeyen birinden bahsediyoruz. (Santraldeki kız, sürekli arayan müvekkillere yeni yalanlar uydurmak zorunda kaldığı için çıldırıyordu.) Zaten çocukları olmadan tatile çıkmayı düşünemeyeceğinden, kendisi de sonuçta hiç tatil yapmadan, gergin ve paranoyak bir şekilde dolaşıyordu etrafta.

25 Mayıs 1999

Geçen gün bizim mahallede yeni açılmış Chez Oskar isimli bara gittim kitabımla. Canım kitap okumak istiyordu ama evde yalnız başıma değil. Bara oturup, şarap içerek kitabımı okumaya başladım. Bir süre sonra Türkçe'ye çok benzeyen bir müzik çalmaya başladı. Hatta dikkatli dinleyince Türkçe olduğunu fark ettim. İnanamadım tabii ve barmene "Bu müzik Türkçe mi?" dedim. "Nereden biliyorsun?" dedi şaşkınlıkla. Türk olduğumu söyledim, konuşmaya başladık. Meğer adam müzisyenmiş. Filmlerden konuşurken, bir anda laf bağımsız filmlere, hatta o sıralarda gösterilen Cannes'ı kazanmış Dogma serisinden "Şölen"e geldi. Meğer adam filmde pedofil babanın doğum günü şöleni için bir araya gelen aile üyelerinden, kızın, New Yorklu müzisyen arkadaşını oynamıyor muymuş? Dikkatlice bakınca adamı çıkardım tabii. Ne tesadüf yahu bu? Yani bu adama Brooklyn'deki zenci mahallesinin birinin barında rastlamak.

15 Haziran 1999

Bugün Steve'e temmuzun son iki haftası izin kullanmak istediğimi söyledim. Allahtan Türkiye'ye giderken İngiltere'de müvekkil ziyaret etmem ve aslında çalışma iznimi almak için gitmiş olmam tatilden sayılmıyor. Steve, And Dağları'na tırmanarak İnkalar'ın kayıp kenti Machu Pichu'yu görmek için Peru ve Bolivya'ya gitmek istememe "Benden de ancak bunu bekleyeceğini" söyleyerek şaşmadı, ama hiç onaylamadığını da söylemeden geçmedi. Amerikalıların en büyük takıntılarından biri de güvenlik[4]. Steve, kaçırılırsam, 100 dolardan fazla fidye ödemeyeceğini, Steve'in kıdemlisi Paul de, çocuklarından biri Peru'ya gitmeye kalksaydı iki tane patlatacağını söyledi.

Randy de ABD dışındaki ülkelerden hoşlanmadığını, oralarda kendini rahat hissedemediğini buyurdu. Türkiye tatilimin ertesinde iki hafta daha tatile çıkma fikrim karşısında dehşete düşmüştü. Bunun üzerine konuşmamızı ABD'nin bu kadar çok çalışarak özgür dünyanın lideri olduğunu söyleyerek bitirmek istediyse de, dayanamayıp "İyi de bunun sana ne faydası var, sen yine günde on saat çalışmak zorundasın" diyerek ben bitirdim.

Benzer bir yorum bir gün İspanya'dan bahsederken Katie'den geldi. Orada her şeyin saat onda başladığını, öğlen siesta vakti her yerin kapalı olduğunu, akşam yine açılıp sabaha kadar eğlenilip yaşandığını belirtip değişik bir hayat tarzı olduğunu söyledim. Ama o sabah altıda kalkıp, gece on birden sonra da ayakta duramadığı için böyle bir hayat tarzını anlayamadı. Yabancıların böyle çalışmadan yaşarlarsa fakir olacaklarını, bu yüzden de herkesin ABD'ye gelmek istediğini söyledi.

Bazen bu tür lafları duyunca ne kadar farklı yerlerde olduğumuzu görüp, asla anlaşamayacağımıza inanıyorum. Bu, aynı zamanda ABD'den en çok gitmek istediğim anlar oluyor. Hayata bu kadar dar bakılmasına, en güzel, en gezilecek yılların işte harcanmasına ve sonra 70 yaşında sağır ve göz görmezken pinpon şeklinde dolaşılmasına dayanamıyorum. Bunda temel bir yanlışlık var. Zaten bürodakiler benim orada neden mutlu olmadığımı bir türlü anlayamıyorlar. Kendilerinin doğruluğundan gözü kapalı bir şekilde emin oldukları her şeyi eleştiri konusu yaparak asaplarını bozuyorum.

20 Haziran 1999

New York'ta olduğuma en sevindiğim zamanlar genelde yaz gelip, hava kararmaya yüz tutmuşken New York Filarmoni'nin Central Park'ta vermeye başladığı konserler sırasında oluyor galiba. Geçen sene baro sınavına çalışırken de tek lüksüm bu konserlerdi. Geçen akşam orkestrayla birlikte New York City Operası da La Boheme'i sergiledi. New Yorklular da örtülerini, piknik sepetlerini, sepetlerin içindeki gurme yemeklerini, mumlarını ve arkadaşlarını alıp koştular konserlere. Şaraplar açıldı mum ışığında, ağaçların altında. Gece olunca arkamızda şehrin ışıl ışıl gökdelenleri ağaçların üstünden yükseldi. Hakikaten çok hoş.

Bunların dışında şu Central Park'ı hiçbir zaman sevmemişimdir. Yapay gelir bana hep. Özellikle insanların çeşitli kılıklara bürünüp 'roller blade'[5] yaptıkları o köşe tam bir et pazarı. Tüm o kendini bir şey zanneden geçmiş vamplar, geçmemiş çıtırlar, para ve/veya et peşindekiler orada. Roller blade yapmak tam da geçkin olmadıklarını kanıtlamanın yolu. Genç sporu değil mi?

10 Temmuz 1999

Türkiye'den misafir gelmesi hoş. En çok özlem nedeniyle. Ancak gelen bazı Türkler kendilerini TC'nin resmi elçisi zannederek, "Aman ülkemizden kötü bahsetmeyelim" tavrı içindeler ve sinirimi bozuyorlar. Ayrıca zencisi, Asyalısı veya Hispanikleri olmayan bir toplumdan geldikleri için bu kültürlere ve insanlarına karşı da Hollywood filmlerinden gelme bir önyargıya sahipler. Örneğin gittiğimiz bir yerde Asyalı görünce hemen "Ay, burayı Çinliler basmış" diyebiliyorlar. Çinli değil Koreli veya yerine göre Taylandlı, Vietnamlı diye düzeltince de, "Ne fark eder, hepsi çekik işte" diye lafı yapıştırıveriyorlar. "Ne yapsınlar, sonsuza dek aç ülkelerinde oturup, aç mı kalsınlar?" diye onları savunurken, bunların Anadolu'dan İstanbul'a göçenlere de kızan insanlar olduklarını hatırlıyorum. Şans eseri beyazız diye Amerika'da havaya giren, Meksikalılara laf eden Türkler hiç de az değil. Tencere dibin kara... Türklere Almanların yaptığı muamelenin aynını Amerika'da Türkler diğer beyaz olmayan ırklara yapıyor.

New York'ta en hoşuma giden şeylerden biri Brooklyn Köprüsü'nü yürüyerek geçmek. Türkiye'den gelen misafirlerimin hemen hepsiyle bu yürüyüşü yaptım ve bundan çok da keyif alıyorum. Yürüyüşe başlamadan önce dost-akraba misafirlerimi önce Brooklyn Heights'a nam-ı diğer Moda'ya götürüyorum. Bu 'downtown Manhattan' manzaralı mekan bana sükunetiyle hep Moda'yı, oradan şehre bakıldığında görülen manzarayı hatırlatır.

10 Ağustos 1999

Peru'yu ve Bolivya'yı gördükten sonra Amerika'da yaşam kalitesi denilen şeyin olmadığına ilişkin tezim gerçekten çok daha güçlendi. Onlar için yaşam kalitesi ev, araba ve diğer maddi şeyler olduğu için yine ne demek istediğimi anlayamıyorlar. Benim için yaşam kalitesi hayatın spontane, ufak zevklerle dolu olması. Amerika'da, New Orleans dışında, elinde şişe biranla keyif içinde sokakta dolaşamıyorsun. Çünkü açıkta içki içmek yasak. Buna karşın her an, her yerde uyuşturucu bulmak mümkün. İnsanlar sana uyuşturucu isteyip istemediğini soruyor. Özellikle benim gibi Brooklyn'de zenci mahallesinin tekinde oturan birine gelen beyaz konuklar bir zenci mahallesinde ne aradıklarına ilişkin sorulara maruz kalıyorlar. Ben artık tanındığım için kimse bana bir şey sormuyor.

Balkonda barbekü yapmak yangın tehlikesi nedeniyle zaten yasak. Pazar günü eve arkadaş çağıracaksan, içkileri önceden alman gerek. Çünkü New York eyaletinde Pazar günleri içki dükkanları açık değildir. Sadece bira veya şarap alınabilir. Bira alırken de yaşının 21'in üstünde olduğu çok belli olsa da kimlik istenir. Tüm bunların böyle olmasında içki kültürünün rolü çok büyük. Yani bizim için içki içmek yemekli sohbetlerin bir parçasıdır. Keyif aracıdır. Burada ise insanlar sarhoş olmak ve zincirlerinden kurtulmak için içiyorlar. Hayatın stresiyle ilgili bence bu çok içme.

Peru ve Bolivya'da koka yaprakları ağızda çiğneniyor, hatta

yapraklarından çay yapılıyor. Kesinlikle hiçbir uyuşturucu etkisi yok. Koka yaprakları kokain yapımında kullanıldığı için Amerika yörede geleneksel olarak yetiştirilen koka ağaçlarının kesilmesini istiyor. Orada konuştuğum birçok kişi, "Biz ağaçlarımızı keseceğimize siz burnunuzu kesin" diyorlar. Haklılar. Talep olduğu sürece arz da olacak. Talep yerine arza kenetlenmiş bir uyuşturucu savaşı var Amerika'da. Kimse Amerika'da bu hayatın insanları neden bu kadar uyuşturucuya yönelttiğini sorgulamıyor. Temel bir yanlış var bir yerde.

Ya da deniz kıyısında uyumak? Uyku tulumunu kapıp geldin. Keyfinin ortasında gelen bir bekçi veya polisten kumsalın belli bir saatte kapandığını, daha önceden yazılı izin almadan ne sahilde, ne de herhangi bir milli parkta gece kalabileceğini öğreniyorsun. İşte böyle her şeyin planlı, robot gibi ve çalışmaya ayarlı olmasını gerektiren, spontane coşkuların öldürüldüğü bu tür bir hayat bana Amerika'da yaşam kalitesinin olmadığını söyletiyor. Başkaları elbette benim kadar rahatsız olmayabilir.

Ya da havuzlu evlerin havuzsuz evlerden daha ucuz olması? Nedeni de bir gün evde kimse yokken biri havuza girip boğulursa, sorumlu sigorta şirketinin tazminat ödemesi riskinin yüksekliği. Amerika hukuk devleti değil de, davacı avukatların yarattığı bir 'avukatlar devleti' haline gelmiş durumda. İnsanların avukatlardan niye nefret ettiğini anlamak zor değil. Çünkü sistem onlara işliyor. Müvekkilin alacağı tazminatın yüzde 50'sini kendileri alacakları için bu kadar çok mahkemeye gidilip sistem sömürülüyor.

10 Eylül 1999

Bu sabah, bürodaki diğer robot avukatlardan, soru sorup, cevabını beklemeden yürüyüp gidicilerden Jim, Pazartesi'nin klasik sorusu olan, "Hafta sonun nasıl geçti?"yi sordu. Bu hafta sonu New York'un sayfiyesi Long Island'daki Fire Island'da su topu takımımla nefis bir gece ve iki gün geçirdim. Avustralyalı bir oyuncu ABD'den ayrılacağı için ona veda partisi verildi. Jim bunu duyunca hemen "Fire Island mı? Orada geyler vardır" dedi. Benim su topu takımım gey erkeklerden oluşuyor. Kadın olan sadece ben ve evli biri daha var. Sadece su topu oynamak istediğimiz için takımdayız yoksa cinsel yönelimleri bizi hiç ilgilendirmiyor. Takımda Adam isimli evli ve iki çocuklu bir adam da var. İlk antrenmana gey olmadığı için çekine çekine gittiğini ve orada kendisiyle konuşan John'un gey olmadığını anlaması üzerine "Ay üzülme şekerim, senin gibi gey olmayanlar da var aramızda, bugün yoklar ama bir dahaki sefere geldiklerinde beraber vajinaları falan tartışırsınız" demesi üzerine, kıpkırmızı kesilerek takıma kabul edildiğini anlatmıştı bana.

Meğer Fire Island hakikaten geylerin yazlık mekanıymış. Bunu bilmiyordum ve orada gördüğüm gey nüfusa bakarak ancak anlamıştım. Bunun üzerine Jim'e su topu takımımın geylerden kurulu olduğunu söyledim. "Gey su topu takımı mı?" diye şaşkınlığını üzerinden atamadı. Burada bir parantez açıp geylerin New York'ta insanların kendilerine karşı ayrımcılık yapmasına karşı son derece organize olarak, ilgi duydukları alanların hepsinde geylere has kulüpler kurduklarını belirtmeliyim.

23 Ekim 1999

Randy ile en ilginç konuşmalarımızdan biri gelişti bugün. Konu fakirlik-zenginlikti. Şu sıralarda Oscar Wilde'ın "Sosyalist sistemde birey" başlıklı makalesini okuyorum. Oscar Wilde çok ilginç bulduğum bir tez ortaya atarak, fakirlerin fakirlikten kurtulabilmesi için ya ayaklanmaları ya da çalmaları gerektiğini, ancak bu şekilde sistemin sonunu getirebileceklerini söylüyor. Aksi takdirde zenginlerin fakirlere yardımda bulunarak kendilerini iyi hissedeceklerini, fakirlerin de bu durumu kaderin bir cilvesi biçiminde kabul ederek, zenginlere minnettar olacaklarını ve her şeyin böylece hiç değişmeden sürüp gideceğini ileri sürüyor. Randy benimle dalga geçerek bu fikrin bir Türk şaire ait olup olmadığını sordu. Ben de "Bunu söyleyen Oscar Wilde" dedim. "Yani homoseksüel bir şair" dedi. "Ne var bunda?" dedim. Ama tabii kendine homofobik gibi bir imaj vermemek için konuşmanın sonunu getirmedi. Amerika'da en önemli şeylerden biri de "politically correct" olmak. Bu ülke ve insanları beni sinir ediyor.

15 Kasım 1999

Jim ile aramızda geçen sutopu konuşması, bir süre sonra oldukça canımı sıkmaya başlayan ve sürekli yinelediği "Gey arkadaşların nasıl?" sorusuna yol açtı. Beni her gördüğünde tekrarlanan bu soruya bir de sekreterlerden birine şakadan "Honey"[6] diye hitap ettiğimi duyunca, "Önce saçını kısacık kestirdin, gey takımında su topu oynuyorsun, şimdi de Judy'ye honey diyorsun, senin de sonunda ne olacağını göreceğiz" demesiyle iyicene tepemin tasını attırdı. Bugün yine gey arkadaşlarımın nasıl olduğunu sorunca, "Ne diye sürekli geyleri soruyorsun? Bir kere de hetero arkadaşlarımı sorsana!" diye cevap verdim. Verdiğim cevaba afallamasından bu saçma şakayı artık keseceğini umuyorum.

Mike da ofisteki dert ortağım olmasına rağmen, zaman zaman ne kadar Amerikalı olduğunu ispatlamaktan geri kalmıyor. Amerikalılar anayasalarının dünyanın en mükemmel anayasası olduğuna ve Kutsal Kitap gibi asla ve asla değiştirilmemesi gerektiğine inanırlar. Silahların sınırlanmasını savunanlara karşı çıkarken bunun anayasal bir hak olduğunu söylerler hep. Özellikle Mike gibi Teksaslı olanlar. Evet ama anayasa insanlar için var ve o hak insanların en doğal hakkı olan yaşama hakkına engel olacak şekilde kullanılıyorsa o hakkın değiştirilmesi ya da sınırlandırılması gerekmez mi?

Dünyanın hiçbir yerinde silah almak ABD'deki kadar kolay değil. birçok ülkede bir sürü kaçık, manyak ve hasta insan var. Ama bunların hiçbiri ABD'deki kadar kolayca silahlara ulaşamıyor. Böylece şiddet eylemlerinin en önemli aracı ve bazen de nedeni olan silahlar hızla yayılırken kendileriyle birlikte şiddeti de yaygınlaştırmaya devam ediyorlar. 'Milli Silah Derneği' diye tercüme edebileceğimiz NRA lobilere verdiği paralarla her türlü silah denetimini engelliyor. Birçok insan bu çıkmazdan kurtulmak için mahkemelere başvurarak, hukuk davaları açarak bir şeyler yapılmasını sağlamaya çalışıyor. Örneğin Chicago, New Orleans gibi belediyeler silahların sebep olduğu şiddeti engellemek için yaptıkları olağanüstü miktarlardaki harcamaların tazmini için silah şirketlerine dava açtılar. Tütün-sigara şirketlerine karşı sigara içenlere yapılan sağlık harcamalarının tazmini amacıyla sağlık sigortaları ve eyalet hükümetleri tarafından açılan davaların mantığını izliyor bu davalar elbette. Kongrenin çıkar gruplarına bölünmüş olması dolayısıyla yasal düzenlemelerle yapılamayanlar yargı aracılığıyla yapılmaya çalışılıyor aslında. Yani giderek yargıçlar hükümetine varabilecek, üç erk arasındaki dengeyi bozucu ve demokrasinin geleceği açısından endişe verici bir gelişme söz konusuydu. Herhalde yakında insanlar aldıkları kilolar için çikolata endüstrisine dava açacaklar. Amerikalıların yüzde 20'sinin obez olduğu düşünülürse hiç de şaşırtıcı olmaz sanırım.

Bunları Mike'a söyledim. Galiba benim fazla asi olduğumu düşünüyor.

19 Aralık 1999

Belki de memlekete dönme zamanım geldiği için artık bu insanlar sinirimi iyice bozuyor. Randy'ye bugün ABD'de iş giyim tarzının çok püriten olduğunu söyleyip onu şaşırttım. Ne demek istediğimi anlayamadı. Ben de her gün takım elbise giymenin çok sıkıcı olduğunu, erkeklerin baştan ayağa aynı renge boyanmış gibi durduklarını söyledim. Türkiye'de ya da genelde Avrupa'da farklı ama uyumlu ceket ve pantolon giyildiğini, takım elbiselerin önemli günlere saklandığını söyledim. Adamlar blazer kavramını bilmiyor. Randy takım elbisenin rahat olduğunu, insanın hiç düşünmeden hareket edebildiğini, bir beyaz gömlekle her şeyin kolay olduğunu söyledi. Tabii bir Amerikalı için hayatta en önemli şey rahatlıktır. Benim için her sabah ne giyeceğimi düşünmek, bluzumla hangi fuların uyacağına bakmak o kadar zor bir şey değil. Belki de zevk veya moda konseptine sahip olduğum için. Ben bunları söyleyince, Randy de "Avukatlar konformisttir, bunu unutma!" diyerek konuşmayı bitirdi.

Bu takım elbise saplantısının en kötü yanı bürodaki havalandırmaya yansıyor maalesef. Yazın dahi uzun kollu gömlek ve takım elbise giydikleri için havalandırma zar zor 20 dereceye getiriliyor, mevsim normallerine göre giyinen benim gibilerin ayakları, burnu ve elleri üşüyor. Bundan şikayet ettiğimizde ise 30 derece sıcakta çorap giymemiz söyleniyor. Buna karşın ben onlara atletsiz kısa gömlek giymelerini söylediğimde, büronun kirasını kendilerinin ödediğini ve biz üşüsek de onlar terledikleri için klimanın soğukta çalışmaya devam edeceği cevabını alıyoruz. "Bu, güç gösterisi yapılacak bir konu değil" diye sekreterlerle birlikte itiraz ettiysek de başarılı olamadık. Bu uygulamanın ne kadar büyük bir enerji kaybı olduğunu söylemeye gerek yok herhalde. Daha sonra bir yönetim dergisinde okuduğum kadarıyla Amerika'da işyerlerindeki şikayetlerin ilki işyerinin çok soğuk, ikincisi ise çok sıcak olmasındanmış...

25 Ocak 2000

Yeni yıla İstanbul'da girdikten sonra burası hiç çekilmiyor. Hava üç haftadır eksi otuzlarda. İnanılmaz bir rüzgar var. İnsanın içinden hiçbir şey yapmak gelmiyor.

Çalıştığım insanlarla tamamen ayrı dünyalardayım. Burada çalıştıkça kendime yabancılaşıyorum. Bugün en sevdiğim yönetmenlerden olan Hal Hartley'in kısa filmlerinin toplu gösterimine gittim MOMA'nın sinemasında. Beyaz ve üniversite mezunu olan, ama hiçbir kabiliyeti olmayan kahraman mutfakta oturup bu üç meziyetini sayıyor. Üstüne parasız ve sarhoşu da ekliyor. Galiba ben de hayatımda hiç bu kadar çok içki içmedim. Zaman zaman iş çıkışı patronlarımla gidiyoruz içmeye. Ama yine Steve benim asabımı bozacak bir sürü şey söyleme kapasitesine sahip olduğunu hep kanıtlıyor. Örneğin Bulgaristan'dan bahsediliyor ve Steve'in sorduğu ilk soru orada kadınların tıraş olup olmadıkları oluyor. Bir de içtiğim içkiye müdahale etmesi asap bozucu. Niye bira varken votka-tonik içiyor muşum? Ben de üstüme gelindiğinde hep yaptığım gibi "Bira liseli çocuk içkisidir" diyerek onu kışkırtıyorum.

Galiba Steve kendini babammış gibi görüyor. İki oğlu var ya. Üstelik işin komik yanı, fiziken benziyor da babama. Cuma günleri olunca "Bu gece ne yapıyorsun?" diye başlıyor. Ben de "Sen kendi işine baksana, sana ne" diye tersliyorum onu. Elini verince kolunu alamadığın biri olduğu için mesafe koyalım daha iyi. Başkalarından çok içince inanılmaz şeyler yaparak, birlikte olduğu insanları utandırdığını da duyduğum gibi şahit de oldum. "Sana bahsetmek istemeyebileceğim bir özel hayatım olabilir mi?" diyorum bazen de. Zira biliyorum ki kazayla erkek arkadaşımdan bahsetsem, yaptığım bir şeyi beğenmediği ilk fırsatta "Bütün gün sevgilini düşüneceğine verdiğim işleri yap" diyecek. Bir keresinde bana şöyle dedi; "Biliyorum sana çok sert davranıyorum ama bu senin iyi olmanı istediğim için. Ayrıca ben eski komandoyum, Vietnam'da nasıl hayatta kaldım? Bu eğitimi geçersen sana da bir şey olmaz." Bir başka sefer ise "Bunca lafa hala ağlamadın ya, inanamıyorum, senden önce herkesi ağlattım" dedi. Ben de, "Beni ağlattığın an giderim, bilesin" dedim.

10 Şubat 2000

Irmak'ın da gitmesinden sonra bu şehre nasıl dayanılır? Galiba ben daha enternasyonal bir ortamda, insanların Almanya, Rusya ve Fransa'dan başka yabancı ülkelerin de olduğunu bildiği bir ülkede yaşamak istiyorum artık.

Geçen gün Economist'te Gazze Şeridi'nde bir iş ilanı gördüm. Oraya bile gitmek burada kalmaktan daha manalı geliyor şu an. Başvurdum ama beni işe almazlar. Ne yapmalı? Nasıl buna benzer bir işe girmeli? Bundan sonra pazar günleri ofise gidip, bu tür işler arayacağım galiba.

New York'ta hayatın karmaşıklığı beni kahrediyor. Bu konuda asabımı en çok bozan yer Manhattan elbette. O yüzden bir Brooklynli olarak Manhattan'dan çoktan vazgeçtim. Özellikle de hizmet etmesi gerekirken, kötü muamele eden garsonlardan nefret ediyorum. Ayrıca restoranlar için bir hafta öncesinden rezervasyon yaptırma zorunluluğundan ve sekiz kişilik rezervasyon varsa, sekiz kişinin tümü gelmeden masaya oturtulmama kuralından da bıkmış vaziyetteyim. En son örneği doğum günü yemeğimde yaşandı. Bir metropolde 8 kişinin hepsinin aynı saatte bir yere vardığı görülmüş şey midir? O yüzden artık arkadaş toplantılarımızı - özellikle hafta sonunda - Brooklyn'de yapacağız.

Ama maalesef Brooklyn'in popüler mahalleleri de Manhattan'ı izlemekte gecikmiyor. Hayal kırıklığı. Geçen gün iki kişilik rezervasyon için aradığım lokanta beş kişiden az gruplara rezervasyon yapılmadığını söyledi. Yani iki kişiysen gel ve bekle. Bunun ne biçim bir şey olduğuna itiraz edip, dört kişi olduğumuz halde beş kişiymişiz gibi numara yapıp dört kişi gelseydik oraya oturabileceğimizi ve bunun da saçma bir şey olduğunu hatırlattığımda, dört kişi olarak gelirsem oturtulmayıp bekletileceğimi söyledi kadın. Ben de beklemek istemediğim için telefon ettiğimi söyleyince, eğer beklemek istemiyorsam belki de o lokantanın yemek isteyebileceğim bir yer olmadığını söyledi bana. Boğacaktım kadını.

Burada lokantaların gerçek hakimleri sadece ve sadece her biri moda dergisinden fırlamış görünümlü garson ve garsoniçeler. Kendi istediğimiz yere değil, onların oturmamızı söyledikleri yere oturmaya alıştık. Oturduğumuz yeri beğenmediysek, beğendiğimiz yerde masa boşalsa da, oraya geçememeye de alıştık. Zira genellikle iki masaya iki ayrı garson bakar ve vereceğin bahşişi nasıl bölüşeceklerine ilişkin anlaşmazlıklar olur. Ama beni en sinir eden garsonun gitme saati gelmişse ve sen hala orada oturuyorsan, hesabı getirip, gitmek üzere olduğunu ve bahşişini bırakmanı istemesidir. Tabii tüm bunların ABD'de garsonlara restoran tarafından saati 2 ya da 3 dolar olan bir asgari ücret ödenmesi nedeniyle olduğunu söylemeli. Bu yüzden de garsonların asıl geliri bahşişleri oluyor ve onu almak için de yakana yapışıyorlar. Hatta yüzde 20'den az bahşiş bırakırsan gelip sebebini sorarlar; yoksa servisi beğenmemiş miyizdir?

25 Şubat 2000

İnanamıyorum. Boston'dan beni ziyarete gelen Ebru arabasını evimin yanına park etmişti. Sabah kalkıp arabayı park ettiğimiz yerde bulamayınca çalındığını anladık ve hemen polise gittik. Belki de zenci mahallesinin beyaz gülleri olduğumuz için polisler bize süper iyi davrandı. Arabanın park edilmez bir yerde olması nedeniyle çekilmiş olabileceğini, bu nedenle çekilmiş otoların bulunduğu yere bakmamızı söylediler. Hatta bizi oraya bizzat götürdüler. Telsiz anonslarıyla bakıldı ve bunun boşa çıkmasından sonra arabanın çalınmış olduğuna karar verildi.

Bunun üzerine arabayı çalanların bazen arabayla gezdikleri, benzin bitince arabayı bir yerde bırakıp gittiklerini söyleyerek bizi mahallede gezdirmeye başladılar. Bu sırada NYPD7 armalı bir polis arabasının arka koltuğunda oturduğumuzu söylemeliyim. Polisler bize New York'ta bu kadar çok araba hırsızlığı olmasının sebebinin liberallerin, hırsız yakalanıp, araba bulununca, hırsızların hapse girmesi için mahkemeye gidip ifade vermeye üşenmesi olduğunu, kimseyi hapse göndermek istemeyen liberaller yüzünden hırsızların kendilerini ciddiye bile almadığını, onları kelepçelerken güldüklerini falan anlattılar kızgın kızgın. Ben de bu sırada arabanın arkasında "Eh, ben de bayağı liberal sayılırım, aynı zamanda sessiz bir liberalim" diye düşünerek oturuyordum.

Bu sırada aniden polis radyosunda Fulton ile Cumberland köşesinde bir şüphelinin kaçmakta olduğu anonsu yapıldı. Oraya çok yakın olduğumuzu, ben de polis kadar çabuk fark ettim sanırım. Bir anda kendimizi sirenleri takmış, 120 km. hızla iki blok ileriye giderken bulduk. Ve o hızla giderken tam yanımızda koşmakta olan şüpheliyi de görmeyelim mi... Bizim araba yavaşladı ve sürücünün yanındaki koltukta oturan polis arabadan çıkarak şüphelinin arkasından koşmaya başladı. Bu sırada şoför ise "Arabaya gir, arabaya gir" diye arkasından bağırıyordu. Ancak şüphelinin arkasından koşan polis tam da filmlerdeki gibi adamın üstüne atladı ve yere düşürdü. Bu arada şoför de arabayı durdurdu ve silahını çekerek fırladı. "Seni orospu çocuğu, yere yat, yat yere" diye bağırıyordu adama. Hızla şüphelinin ellerini kelepçelediler ve ardından üstünü arayınca bir de silah buldular. Yani şüpheli kaçmak yerine geri dönüp ateş etse, hem polis hem de biz yanmıştık. Tüm bunlar belki de on saniye içinde oldu. Adam yakalanır yakalanmaz en az 10 tane polis arabası da bulunduğumuz yere gelmişti. Bu arada polisler arabanın arka koltuğunda korku içinde titreyen beni ve arkadaşım Ebru'yu hatırladılar. İyi olup olmadığımızı sordular. İyiydik iyi olmasına ama korkmuştuk ve daha fazla bir polis arabasında oturmak istemiyorduk. Zaten çok yakınında olduğumuz evimize gitmek istiyorduk ama tabii polisler buna izin vermeyeceklerdi.

Nitekim bizi bir süre daha dolaştırdılar. En sonunda arabayı bulamayacağımıza kanaat getirerek eve dönmeye karar verdik. Polisler doldurulması gereken bir takım kağıtlar için evime gelip gelemeyeceklerini sordular. Burada polisi eve almak zorunda değiliz. Eğer herhangi bir şüphe ya da geçerli bir sebep yoksa eve giremez polis. Ben polisten korkan klasik bir Türk olduğum için "Tabii gelebilirsiniz" dedim. Kapıdaki güvenlik görevlisinin şaşkın bakışları içinde geldiler evime. Kahve bile ikram ettim ama istemediler. Sonra bir sürü ıvır zıvır soru. Ebru'nun kocasının ırkı dahil. İnsan polislerin daha yarım saat önce ölebilecekken, yarım saat sonra sakin sakin form doldurmalarına şaşıyor doğrusu.

Bu olayı Kirk'e anlattığımda bir polisi asla ve asla evime sokmamamı söyledi bana. "Ya o sırada Katie'nin bir arkadaşı evde pot içiyor olsaydı ne olacağını hiç düşündün mü?" dedi. Haklı, al başına belayı, hem de bir Türk olarak, ama tabii biz Türkler böyle yetiştirilmemişiz. New York'a turist olarak ilk gittiğimde "Polis Hattı- Geçmeyin" yazısını kimse yok diye geçmiştim. Hemen arkamda bitiveren bir polis omzuma tık tık ederek, okumam yazmam olup olmadığını sormuştu. O zamandan beri çekinirim NYPD'den, bir de adamı evime mi almayacağım?

20 Mart 2000

Geçen gece Manhattan'da bir caz kulübünden çıkmış evlere dağılıyorduk. Belarus göçmeni bir çocuk da vardı aramızda. Kulüp çıkışında duran görevliler, "Burası meskun bir yer, lütfen komşularımıza saygılı olalım, gürültü yapmayalım" şeklindeki tabelaya dikkatimizi çekerek kulüp çıkışında yüksek sesle konuşmamamızı istediler. Kulübün gürültüsünden değil de, kulüp çıkışında konuşanların gürültüsünden rahatsız olunmasını saçma bulduğumu, sesten bu kadar rahatsız olan insanların belki de şehirde oturmaması gerektiğini söyleyerek, biraz da kafayı bulmuş olduğumdan, "Uyanın ulan, alçak sesle konuşmayacağım işte!" diye bağırdım.

Sonra New York'taki faşist belediye yönetiminin hayat kalitesini bozan bu eylemim nedeniyle beni tutuklayıp hapse koyabileceği, sonra da (olmaz ya!) ileride bir gün vatandaşlık başvurusunda bulunursam yeni göçmen yasası nedeniyle işlediğim suçun hafif olduğuna bakılmaksızın sınır dışı edilebileceğim aklıma geldi. Bunları yüksek sesle söyledim. Herkes güldü. Belaruslu oğlan hemen elbette sınır dışı edilebileceğimi, ABD'de ancak kanunlara saygılı insanların yaşayabileceğini söyledi.

Hukukçu olmayanlara hukuktaki temel kavramları, burada da "cezaların suçlarla orantılı olması ilkesini" ve bu sınır dışı etme cezasının, sükuneti bozma suçuyla orantılı olmadığını anlatmak zordu. Vakit geç olmasına rağmen bunu anlatmak için uğraştım ama tartışmanın ortasında Columbus Circle'a geldik. Herkes ayrı trenlere binerek evine yollandı. Ben de sarhoş sarhoş boşuna nefes tüketmemiş oldum.

Ama bu çocuk bana Amerika'ya göç etmiş Türkleri, Türk-Amerikalıları hatırlattı. Türkiye konusunda gerçekten cahil, Amerika'daki varlıklarını haklı kılmak için de Amerika konusunda, aynı bu oğlan gibi, aptalca bir hayranlık içinde bulunan ve kim olduğunu bilmeyen bu şaşkınlar, en kötü göçmen grubunun birinci kuşak olduğuna dair tezimin doğruluğunu kanıtlıyorlar. Çünkü göçlerini kendilerine haklı göstermek için göç edilen ülkedeki her kurala gözü kapalı şekilde sarılıp, aptalca da olsa yeni ülkenin kurallarına uymak için akıllara durgunluk veren bir çaba içindeler.

Bu gece bana şu New York'un son on yılda değişen imajının ne kadar içi boş olduğunu düşündürdü. Suç oranı düşen, hayat kalitesi yüksek New York... Oysa tek yaptıkları evsiz, kimsesiz insanları zengin beyazların gözünü rahatsız etmeyecek yerlere atmak. Burası bir metropol. Her türlü insan olacak. O insanların çeşitliliği burasını New York yapan. Burada suç oranı gelişmiş Batılı ülkelere oranla kat kat yüksek. Bence bunun temel ve en önemli nedenlerinden biri kolayca silah elde edilebilmesi. Son yıllarda liselerde işlenen cinayetlerle de sık sık gündeme geldiği halde bu hak kısıtlanamazmış. Efendim, Amerikan Anayasası herkese silah taşıma hakkı vermişmiş. Bu hakkın verildiği zamanki koşullarla bugünkü koşulların ne kadar farklı olduğuna bakılmaksızın bu kuralın katı bir şekilde uygulanması sorunun asıl kaynağını oluşturuyor. Zaten bu ülkede her şey ekstremde bulunuyor, ya bir ekstremde ya da öbür ekstremde... Ve insanlar neredeyse her konuda histerikleşiyorlar. Orta yol yok. Kürtaj konusu da böyle.

İnsanlar suç oranının yüksekliğinin nedenleri hakkında düşünmek istemiyor. Bu durumda, birçok başka eyalette olduğu gibi, New York'ta da silahları kısıtlamak yerine polisin yetkisini artırıyor hükümetler. Gayet agresif yöntemler uygulayarak, New York'ta suç oranını düşürdüklerini söylüyorlar. Ama son yıllarda NYPD'den şikayet edenlerin sayısı da giderek artıyor. Bu şikayet sahiplerinin büyük çoğunluğu da azınlıktaki Hispanik ve zenciler. Polisin Hispanik ve zencileri durdurup arama oranı bir beyaza oranla on kat daha fazla. Bu aramalardan bir şey elde edilmediğini de belirtmeye gerek yoktur herhalde. Bu durumda sırf ten rengin nedeniyle sürekli durdurulup aranman ne asap bozucu! Katie bir keresinde bana zenci olsaydı hayatının, hayat görüşünün, ABD hakkındaki fikirlerinin tamamen farklı olacağını söylemişti. Zenciysen her an polisin seni durdurma ihtimali var. Durduk yerde. Her sokağa çıkışın bir olay. Village Voice'ta, polisin sürekli genç siyah erkekleri durdurduğu için koşmanın polisten kaçıyor imajı verebileceği ve bu nedenle şüpheli hareket sayıldığını okumuştum. Şüpheli hareket polisin ateş etmesi ile sonuçlanabileceğinden, aileler genç erkek çocuklarına sokakta koşmadan yürümelerini salık veriyormuş. Bunu okuyunca dehşete kapıldım.

2 Nisan 2000

İnanılmaz. 1999 Şubat'ında Bronx'ta pek iyi İngilizce bilmeyen, sokak satıcısı Batı Afrikalı göçmen Amadiou Diallo'nun evinin önünde dururken 41 kurşunla öldürülmesinden yargılanan 4 beyaz polis tüm suçlardan beraat etti. Polisler adama yaklaşıp kimliğini görmek istiyorlar, göçmen göğsündeki cüzdana uzanıyor, siyah cüzdanı karanlıkta silah zanneden polisler adamı öldürüyorlar, hem de 41 kurşunla ve sonra da beraat ediyorlar. Bu kurşun sayısı bana Türkiye'deki Terörle Mücadele Ekipleri'nin bir zamanlar hücre evlere yaptıkları baskınları hatırlattı. Teröristleri yakalamak amacıyla değil, yargısız infaz yaparak, zaten terörist oldukları için öldürülmelerinin mubah olduğu mantığıyla hareket edilmesinin doğal sonucu ev baskınında tam 200 kurşun sıkılır, öldürülenlerin üstünden ise genelde ne bir ziynet eşyası ne de para çıkar. Ne hikmetse!

Polislerin yargılanma yeri, olay Bronx'ta gerçekleştiği halde, orada bu olayda tarafsız bir jüri bulunamayacağı gerekçesiyle daha muhafazakar, beyaz ve zengin bir bölge olan, kısacası Bronx'a hiç benzemeyen, Albany'ye nakledilirse sonuç böyle olur tabii. Bir yandan da jüri sistemine genelde hiç güvenmediğim için, yaşadığım ya da yaşamadığım mahallenin halkı benim suçlu olup olmadığıma karar vermiş bence pek farklı değil. Sokaktaki adamın benim suçluluğuma karar vermesi bana korkutucu geliyor. Beraat kararının açıklandığı geçen gece birçok beyaz, bizim mahallede şaşkınlık ve kızgınlık içinde yemek yiyorduk. Yemekten sonra mahallemizin zenci barlarına gittik. Havada bir gerginlik olduğunu, barmenin bizle fazla ilgilenmediğini hissedebiliyorduk. Kimsenin sinirini bozup, dikkatini çekmemeye karar vererek ortalıktan çekildik.

15 Mayıs 2000

Geçen akşam New York'taki denizciler camiasını bir araya getiren bir yemeğe gittik büroca. Erkeklerin frak, kadınların gece elbiseleriyle geldiği bir yemekti. Gecenin sonuna doğru ben Daniel ile buluşacağımı söyleyerek kalkarken Steve, "Ama bu haksızlık, sayemizde güzelleştin, yedin, içtin, bütün parayı biz verdik, şimdi tüm parsayı o herif toplayacak" diye arkamdan bağrınıyordu.

Bu arada yemek sırasında sohbet ettiğimiz bir avukat bana Türkiye ile ilgili anlamsız bir soru sordu. Her ne kadar sansasyonel haberler hep daha ilgi çekici olsa da, yine de Türkiye'den yabancı basında yer alacak iyi haberlerin hemen hiç olmamasına şaşırıyor insan. Artık bu tür sorular karşısında duyarsızlaştım. Tarihimizin bir döneminde ölmüş ya da öldürülmüş insanları, ben şahsen gidip vurmuşum gibi suçlanmaktan bezdim artık. Hatta bazen "Keşke hepsini öldürseymişiz" gibi provokatif cevaplar veresim geliyor. Benimle konuşmasına böylesi bir konuyla başlayan biriyle ben sonra ne konuşacağım ki? Bir de insanların azgelişmişlik sendromunu anlamaları mümkün değil. Öyle bir istikrar ortamından geliyorlar ki hayal bile edemiyorlar bir ülkenin 25 yıldır yüzde 70 enflasyonla yaşamasının her şeyi nasıl tahrip edeceğini, tarihinin ve komplekslerinin farklılığını... Anlatamıyorsun.

23 Mayıs 2000

İnşallah bir iş bulabilirim istediğim gibi. Gidersem burayı özleyeceğimi düşünüyorum. Burası da Brooklyn. Bazen Brooklyn olmasa New York'a dayanamazdım diye düşünmeden edemiyorum. Brooklyn sevdiğim her şeye sahip. Güzel ve ucuz lokantalar. Çeşit olarak da iyiler. Yani Thai'dan Japon'a çok iyi birçok lokantayı Manhattan'a göre çok ucuza bulmak mümkün. East Village'in ticarileşmiş bohem havası yerine hemen nehrin karşısındaki Williamsburg -Greenpoint gibi eski fabrika depolarının konuta dönüştürülmesiyle gerçek bir bohem hava yaratılmış semtler ve aralarındaki barlar. Özellikle içinde sineması da olan Galapagos. Buralara kaçmış bir sürü öğrenci. Tabii bir süre sonra buraların da cılkı çıktı. Adamlarda sermaye var, bir yer moda olur olmaz hemen üşüşüyor girişimciler o mahalleye.

Yine de Greenpoint Polonyalı göçmen mahallesi karakterini koruyor bence. Sokakta, metro durağında mutlaka sarhoş, kendi kendine konuşan, kaldırım kenarına ilişmiş, kavgaya karışıp, gözünü morartmış insanlar görmek çok komik. NYU'nun[8] serseri öğrencileri de takılıyor buraya. Kirk ile ne çok gittik Greenpoint ve Williamsburg'deki barlara. G trenini az mı bekledik o sarhoşlarla aynı durakta donarak? Sırf bu yüzden Kirk'ün Türkçede öğrendiği ilk cümle, "Çok soğuk" oldu.

Kendi mahallemi de seviyorum. Sokakta birbirine, "What's

up nigger[9]" diyen saçları boncuklu, zenci veletler beni öldürüyor. Kazayla biz onlara böyle bir şey desek kafamızı kırarlar ama kendileri birbirlerine böyle diyorlar. Katie ve ben oraya ilk taşındığımızda mahallenin yüzde 5'in altındaki beyaz azınlığını oluşturuyorduk. Sokağa çıktığımızda "Hi, white babies[10]" şeklinde tezahürat alıyorduk. Şimdi mahalleye Manhattan'daki kiralardan kaçan o kadar çok insan taşındı ki beyazların oranı yüzde 25'i bulmuş olabilir. New York'ta hep böyle olurmuş zaten. Bir mahalleye pek "in" değilken taşınılırmış. Sonra orası bir takım nedenlerle (yakındaki bir mahallenin değerlenmesi, alternatiflerin pahalılığı gibi) "in"leşir, oranın eski yerlileri başka mahallelere kaçmak zorunda kalırmış. Bizim mahalle de -Clinton Hill- yani başındaki Fort Greene'de birbiri ardına açılan restoran, bar ve Brooklyn Academy of Music'teki (BAM) sinema ve müzik etkinlikleri ile popülerleşti. ABD'nin şu sıralardaki müthiş ekonomik performansı ve Manhattan'ın iyice pahalanması gibi nedenlerle bir anda eli yüzü düzgünleşmeye başladı. Eski, terk edilmiş binalar onarılıp, yeniden düzenlenmeye başlandı.

Mahallenin bir enteresan yanı da bir ucunun hoş yerlere (Fort Greene gibi) diğer tarafının ise cinayet mahalli yerlere (Bedford Stuyvesant, nam-ı diğer Bed-Stuy gibi) uzanması. Spike Lee'nin New York'taki ayaklanma filmleri (Örneğin, Do the right thing) hep Bed-Stuy'da geçer. İki blok ötemizde. Zaten farkı hemen hisseder insan. Karayip yemekleri satan dükkanların ilerisi tam bir sorun yumağıdır. Dişsiz insanlarla doludur. Geceleri siren sesleri gelir. Ya da silah sesleri. Bir gece Katie ve ben yattıktan sonra balkonda muhabbete devam eden Zeynep, Kirk ve Tiffany, saat iki buçuğa doğru bir silah sesi duymuşlar. Sonra bizim evin yanındaki garaja bir minibüs girmiş, ama şoförü içinden çıkmamış. Bizimkilerin de ödü kopmuş ve içeri kaçmışlar.

Geçen gün bisikletle Williamsburg'e giderken Brooklyn'den

ne kadar hoşlandığımı düşündüm. Yolda sırasıyla zenci mahallesinden (Myrtle, cinayetler sebebiyle, nam-ı diğer Murder Street) sonra Hasidik Yahudi mahallesinden, daha sonra da Porto Rico mahallesinden geçtim. Yahudi mahallesi, bana sevgisiz sevgisiz bakan Fatih'teki fanatik dincilerle dolu mahalleleri hatırlatıyor. Onlarla bunlar arasında fark yok. Hele evlenince kafalarını kazıdıkları için peruk takıp dolaşan, hepsi birbirinin aynı giyinen ve görünen II. Dünya Savaşı'ndan kalma kılıklı kadınlar. Kulaklarının üstünden lüle lüle saçlar sarkan adamlar. Her ailede 10 çocuk, hepsi kendi içinde evlenmekten birbirinin aynı görünen, aynı göz hastalıklı insanlar. Her türlü dini aşırılık beni korkutuyor.

Sanırım burada en çok Latinlere ve onların kültürüne sempatim arttı. Öncelikle o kocaman altın takıları, geleneksel erkek-kadın ilişkileri ve kıvrak bir müzik bulur bulmaz oynamaya başlamalarıyla bize çok benziyorlar. Çeşitli bisiklet turlarım sırasında kocaman müzik setlerini sokakta çaldıklarına o kadar çok tanık oldum ki. Bu da bana hayli tipik geliyor. Bu arada göz ucuyla gelip geçen her türlü "yavruya" dikkat edip aralarında İspanyolca yılışık yılışık gülüşler de tanıdık. Türkiye'de sinir olduğum bu şeyler niye burada hoşuma gidiyor acaba? Onların hayat coşkusunu çok sevdiğim için bunları hoş mu görüyorum? Gerçekten de onların coşkusuna benzer bir coşku hiçbir millette yok. Takdir ediyorum. Belki de insanların bunca materyalist olduğu bu şehirde ufak şeylerle mutlu olabilme gücüne sahip olmalarını seviyorum.

Yine de New York'ta çok da mutlu değilim. Gelen bütün arkadaşlarım bir şeylerin eksik olduğunu gördüler. Zaman zaman ifade ettiler. Şimdi geriye dönüp bakıyorum ve New York'u hiç de romantik bir şekilde değerlendirmediğimi görüyorum. İnsan ilişkileri bakımından yalnız, soğuk bir şehir burası. Irmak ve Bora gibi çok yakın ve sevdiğim iki insanın Türkiye'ye dönmüş olması da beni etkiledi. İş ortamım da tuhaf. Yoruldum buradan. Uzun vadede buna devam edersem kendime bir şey katamayacağımı düşünüyorum. Burada sürdürülebilecek ilişki kurmak zor. Kadın veya erkek. Tanıdıklarının tanıdıklarıyla tanışmak insan tanımanın en iyi yolu. Ufak partiler veya çeşitli arkadaşlarla çıkılan gezmeler. Ama ne zaman büyük bir partide, bir barda biriyle tanışsam ruh hastası olması kesin. Bu durum, söylenen şeylerden, deli gibi bakış ve tuhaf davranışlardan hemen anlaşılıyor. Bu insanların seni fantezilerini gerçekleştirme aracı olarak gördüğünü fark ediyorsun korku içinde. Takip edilmekten korkuyorsun sonra. Ve eve taksiyle gitmek istiyorsun...

5 Temmuz 2000

Burcu'nun düğünü için gittiğim İstanbul'da, Selanik'te Radiohead konseri olduğunu öğrenince Esra ile konsere gittik. Zaten Radiohead'i çok severim. Ama onu bir de Selanik'te dinlemek müthişti. Selanik'e, gece hayatına, her şeye bayıldım. Dönüşte Esra ile turdan ayrılıp Kavala ve Taşoz adasına gittik. O Yunanistan, o insanların sıcaklığı... Oralarda gezerken artık iyice anladım ki, benim yerim oralar. Ben oraya aitim. Orada olmalıyım. Buradan yıl sonunda ayrılmaya kesin karar verdim. Bora gibi ben de Güney Amerika'yı gezeceğim bir kaç ay, sonra da memlekete döneceğim.

14 Temmuz 2000

İnanamıyorum. Kosova'da Birleşmiş Milletler'den (BM) kabul geldi. İşin kötüsü en geç 2 hafta sonra orada olmam lazım. Yani daha tatilden yeni gelmişken işten ayrılmak biraz ayıp, ama ne yapabilirim? Bu, insanın karşısına ancak bir kez çıkacak bir fırsat, kaçıramam. Sağlık kontrolleri, paketlenme, eşyalarımı Türkiye'ye yollama, eve yeni bir kiracı bulma, bütün bunları bu kadar kısa bir sürede nasıl yapacağım bilmiyorum. Bir yandan hafif bir hüzün, Daniel, ama bu hakikaten hayatımın tecrübesi olacak. Hep bunu bekledim. Kaçıramam. Her şeyimle gitmem gerektiğini hissediyorum.

KISA VE ZORUNLU BİR KOSOVA TARİHÇESİ

Kosova, 1999 yılındaki NATO müdahalesine kadar uluslararası kamuoyunun pek gündeminde değildi. Ancak Sırplar'la Arnavutlar arasındaki etnik çatışma çok gerilere gidiyor. Her ne kadar, Kosova, 1389 yılındaki I. Kosova Savaşı ile Osmanlılar'ın denetimine girmişse de, o zamanlarda kendi başına bir bütün teşkil etmiyor, Osmanlılar'ın sancak ve vilayet sistemi uyarınca çeşitli parçalardan oluşuyormuş. I. Kosova Savaşı, Sırp Kralı Lazar'ın ölümünün Sırp Kilisesi tarafından bir çeşit "kendini halkı için feda eden kral" olarak efsaneleştirilmesi nedeniyle aynı zamanda Sırp milliyetçiliğinin doğumunu sağlayan olay olmuş. O zamanki Sırp ordusunun çeşitli halklardan oluştuğu ve özellikle Osmanlılar gelene kadar Hıristiyan olan Arnavutlar'ın da Müslüman Osmanlılar'a karşı canla başla savaştığı düşünülecek olursa, bunun ne kadar milliyetçilik vesilesi yapılabileceği meçhulse de, Kosova o zamanlardan beri Sırplar için tarihi bir önem taşımış.

II. Viyana Kuşatması sonrasında Sırplar Kosova'dan daha kuzeye, bugünkü Belgrad ve Voyvodina bölgesine göçerken, onlardan boşalan yerlere de Arnavutlar yerleşmiş. Bu göçler sonucunda da Kosova'da 19. yüzyıldan itibaren çoğunluğu Arnavutlar oluşturmaya başlamış. Bu dönemdeki milliyetçilik dalgası Sırplar'ın da yayılma siyasetini beraberinde getirmiş. Bu arada milliyetçilik akımından doğal olarak Arnavutlar da etkilenmiş ve kendi aralarında birliği sağlamak amacıyla Prizren'de toplanmışlar. Balkan Savaşı ile Osmanlı'nın bu toprakları kaybetmesi üzerine Kosova, Sırbistan'a bağlanmış. Bu elbette kansız bir şekilde gerçekleşmemiş, zira Kosovalı Arnavutlar Sırbistan'a değil, Arnavutluk'a bağlı olmak istemişler. Bu ise Sırplar'ın Arnavutlar'a karşı intikam hisleriyle ve hatta onların kökünü kazımak amacıyla hareket etmesini beraberinde getirmiş.

I. Dünya Savaşı sırasında, Avusturya-Macaristan'ın işgaline uğrayan Kosova'da Arnavutlar'a kendi dillerinde eğitim imkanı verilmiş. Ancak savaş bitiminde Kosova, muzaffer Sırplar'a geri verilince burayı kendi kültürlerinin beşiği olarak gören Sırplar elbette eski koşullara dönmüşler ve Arnavutlar'ın kendi dillerinde eğitimine izin vermemişler. Bu arada Kosova'yı daha iyi kontrol edebilmek için, savaş sırasında kesintiye uğrayan kolonizasyon sürecine yeniden başlamışlar. Toprak reformu ile kuzeye göçmüş Sırplar'ın geri dönmesini sağlamak için Sırplar'a toprak Arnavutlar'a göre daha ucuza ve daha çok verilmiş. Nitekim bu politika sonucunda 1919-1928 arasında Slav nüfus yüzde 24'ten yüzde 38'e kadar çıkmış. Toprak reformu sadece Arnavutlar'a yaşayamayacakları kadar az toprak verilmesiyle kalmamış, aynı zamanda Arnavutlar Müslüman oldukları için "Türk" olarak tanımlanmış ve 1938'de yapılan bir anlaşmayla Türkiye'ye yollanmışlar. Bu anlaşmayla Türkiye'ye 200 bin Arnavut ve Türk ile Kosovalı ve Makedonyalı Müslüman gelmiş.

Ardından II. Dünya Savaşı ile Kosova bir kez daha işgale uğramış. Bu sefer gelenler İtalyanlar olmuş ve yerel halkın sempatisini kazanmak için hemen Arnavutlar'a kendi dillerinde eğitim hakkını yeniden vermişler. Bu arada işgal yıllarında Arnavutlar, kolonileştirme politikası sırasında gelmiş Sırplar'a yönelik intikam saldırılarına da başlamışlar. Tito'nun savaş sonrası Yugoslavya'nın başına geçmesiyle Kosova, Sırbistan'a bağlı otonom bir bölge haline gelmiş. Yarı Hırvat, yarı Sloven olan Tito'nun amacı, Dünya Savaşları'ndaki tecrübeler uyarınca Sırplar ile diğer halklar arasında bir denge kurmak olmuş. Sırbistan'ın sınırları dışında, Bosna Hersek ve Hırvatistan'da yaşayan çok sayıda Sırp'ın varlığı bir yana, Voyvodina gibi nüfusunun çoğu Macar ve Kosova gibi nüfusunun çoğu Arnavut iki bölgenin Sırbistan'a bağlanmış olması nedeniyle, bu durum Sırplar'ın pek hoşuna gitmemiş. Tito'nun federasyonuna Arnavutluk da dahilmiş, ancak Balkanlar'da bir kişide bu kadar geniş bir güç toplanması Stalin'in pek hoşuna gitmemiş. Tito yolunu Moskova ile ayırınca, Arnavutluk'un Enver Hoca'sı Stalinist bir çizgiyi tercih etmiş. Bu da Kosovalı Arnavutlar'ın, çoğunluğu Sırp ve Karadağlı polisler eliyle, Güney Slavları'nın arasında Slav olmayan halk olarak yine bastırılması ve takibe uğraması sonucunu doğurmuş. 1953'te Türkiye ile yapılan bir anlaşma uyarınca "Türk" kabul edilen Arnavutlar yine Türkiye'ye yollanmış. 1945-1966 arası göçlerle Makedonya ve Kosova'dan 240 bin kişi gelmiş Türkiye'ye.

1963'te yapılan anayasa reformuyla Kosova Sırbistan'ın bağımsız bir bölgesi olmaktan, bağımsız bir eyalet statüsüne geçmiş, ancak 1968'de federasyondaki diğer cumhuriyetler gibi cumhuriyet statüsünü elde etmek isteyen Kosova'da yoğun gösteriler yapılmış. Bu statü en sonunda 1974'te elde edilmiş, ancak yüksek nüfus artışı, Yugoslavya'nın en az gelişmiş bölgesi olması, ekonomik ilerlemenin yavaşlığı ve işsizlik gibi sorunların yanı sıra bir de 1980'de Tito ölünce işler iyice kötü bir noktaya sürüklenmiş. Yolsuzluk ve adam kayırmacılığın da etkisiyle 1981'de Priştina Üniversitesi'nde düzenlenen bir öğrenci gösterisi hızla tüm Kosova'ya yayılarak genel bir memnuniyetsizlik gösterisine dönüşmüş. Bu sırada, ekonomik nedenlerle Kosova'yı terk eden Sırplar'ın gidişi tek yanlı ve devlet güdümlü Sırp medyası tarafından Arnavut karşıtı bir propaganda yapmak için kullanılmış. Hatta olay Tiran destekli "karşı-devrimcilerin ayaklanması" olarak bile sunulmuş. Böylece gösteriler şiddetle bastırılmış ama olayların gerçek nedeni de araştırılmadan taraflar iyice uçlara kaymışlar. Öyle ki, Sırplar kendi sorunlarının ve sıkıntılarının nedenini Arnavutlar'ın özerkliği olarak gösterir hale gelmişler. Belgrad'daki gazetelere bu yönde ilanlar verilmiş, Belgrad'a yürüyüşler düzenlenmiş. Medya Arnavutlar'ın Sırp kadınlara tecavüz ettiği hikayeleriyle doldurulmuş...

* * *

İşte böylesi koşullarda Miloseviç'in iktidara gelmesiyle birlikte Yugoslavya'nın çözülme süreci de başlamış. Zira Miloseviç, Yugoslavya içinde en büyük ve en önemli oldukları halde hep ikinci plana itilmiş Sırplar'a yönelik milliyetçi bir söylemle iktidarı elde ettiğini ve ancak onu sürdürmekle orada kalmaya devam edeceğini iyi anlamış. Bu, Yugoslavya gibi federal bir devleti bir "Sırpların Cumhuriyeti" haline getirdiği gibi, Sırbistan dışında, Yugoslavya'yı oluşturan diğer cumhuriyetlerde yaşayan azınlık Sırplar'ın gözünde de Miloseviç'i Tanrılaştırıyormuş. Miloseviç iktidarının Kosova'da yaptığı ilk işler, özerkliğinin kaldırılması, Arnavutça'nın resmi dil olmaktan çıkarılması ve yerel parlamentonun kapatılması olmuş. Ayrıca Arnavut doktor ve hastabakıcılardan, tiyatrodaki Arnavut oyunculara kadar birçok Arnavut işten çıkartılmış. Bunun üzerine, Arnavutlar gölge hükümet ve kendi paralel kurumlarını kurarak, Sırplar ile ortak hayatın her alanından çekilmişler. Bu arada zaten yıllardır ekonomik nedenlerle devam eden göç iyice artmış. Çoğunluk Almanya ve İsviçre'ye giderken sayıları da 1993'e kadar 370 bini bulmuş.

Bu sırada Slovenya, Hırvatistan ve Bosna Hersek, Sırplar'ın dominant olduğu bir yapıda yaşamak istemeyip, bağımsızlıklarını ilan etmişler. Slovenya, topraklarında Sırplar'ın yaşamaması sayesinde ufak bir çatışmayla Yugoslavya'dan ayrılarak bağımsız olmuş. Hırvatistan ve Bosna Hersek'de yaşayan azınlık Sırplar ise bu cumhuriyetlerin Yugoslavya'dan ayrılmasına karşı çıkarak, silahlı direniş başlatmışlar. Bu dönemde artık sadece Sırplar'dan oluşan Yugoslav ordusu da kendilerine destek vermiş. Böylece Balkanlar'da kanlı ve yıllar süren bir etnik temizlik ve savaşlar başlamış. 1995 yılında yapılan Dayton Anlaşması ile Bosna Hersek'in de bağımsızlığı garantilenmiş.

Dayton Anlaşması sırasında kendi durumlarının uluslararası kamuoyunun ilgisini çekmemesi, kendilerinin anlaşma sürecinde temsil edilmemesi, üstüne üstlük Balkanlar'ı kana bulayan Miloseviç'e bu anlaşmayla barışın garantörü statüsü verilmesi ve etnik temizliğe prim veren bir yapının kurulduğu yeni cumhuriyetler, Kosovalı Arnavutlar'da tam bir hayal kırıklığı yaratmış ve yıllardır sürdürdükleri sivil itaatsizliğin kendilerini bir yere götürmeyeceği yönünde bir düşünce uyandırmış. Hırvatistan ve Bosna Hersek'teki savaşlarda evlerini kaybeden Sırplar'ın Kosova'ya yerleştirilmesiyle birlikte gerginlik iyice artmış. 1996'da Hırvatistan'dan gelen Sırplar'ın yerleşim yerinde bomba patlaması, 27 Kasım 1997'de Kosova Kurtuluş Ordusu'nun ortaya çıkması ve bu ordunun 1998'de Kosova'nın birçok ana yolunu kontrol ederek, polis ve askerleri hedef almasıyla olaylar uluslararası kamuoyunun gündemine girmiş. Böylece Kosovalı Arnavutlar, barışçı protesto ve sivil itaatsizlik eylemleriyle yıllar içinde yapamadıklarını, şiddete başvurarak bir kaç ay içinde elde etmişler.

Arnavutlar'ın yarattığı bu fiili durum üzerine de Sırp ordusu Kosova'ya girmiş. Racak adlı bir köyde 40 kadar sivilin katledildiği haberi geldiğinde gerillaları arama gerekçesiyle sivil halkın terörize edildiği de anlaşılmış. Böylece Avrupa Güvenlik ve İşbirliği Teşkilatı (AGİT), gerillaların silahsızlanması karşılığı ordunun çekilmesini öngören ve bu sırada imzalanmış Rambouillet Anlaşması'nın yerine getirilip getirilmediğini denetlemek için Kosova'ya uluslararası gözlemcilerden oluşan bir Misyon yollamaya karar vermiş. Ancak bu Misyon'un, Miloseviç'in çekilmek yerine kampanyasının şiddetlenerek arttığı yönündeki raporları ve Miloseviç'in Misyon'un başını istenmeyen adam ilan etmesi üzerine NATO duruma müdahale etmiş. Üç aylık bombardımandan sonra varılan anlaşma uyarınca Yugoslav ordusu Kosova'dan çekilmiş. Birleşmiş Milletler Güvenlik Konseyi'nin 1244 sayılı kararı uyarınca, Kosova Yugoslavya'nın bir parçası sayılmakla birlikte, seçim yapılıp bir hükümet kurulana kadar geçici olarak BM yönetimi altına girmiş ve güvenliği sağlama görevi de NATO ve Rusya Federasyonu'na verilmiş. Aslında böylece Yugoslavya'nın Kosova üzerinde fiilen hiçbir kontrolü kalmamış.

İşte ben bütün bunlardan sonra Temmuz 2000'de Kosova'ya gidiyordum...

25 Temmuz 2000

Evet, hemen UNMIK'in[11] yanındaki BM görevlilerine, buraya ilk geldiklerinde kalmaları için tahsis edilmiş oteldeyim. Ufak tefek bir takım aksaklıklar dışında otel beklentimin kat kat üstünde. İleride odayı başka biriyle paylaşmam olasıymış ama belki o zamana kadar bir ev bulmuş olurum. Bir yerde yeni ve tecrübesiz olmak çok zavallı bir şey. Gördüğüm kadarıyla komünist, sevimsiz bir hava var şehirde. İnanılmaz çok sayıda da yabancı. Otelin tam karşısında yarısı yıkık bir yapı var. Hayalet gibi.

Dün Üsküp'ten Priştine'ye bizi getiren BM otobüsünde yorgunluktan uyuklarken zaman zaman uyanıp etrafıma bakındıkça, Danimarka, İsveç, Yunan KFOR[12] birliklerini gördüm. Genelde belli aralıklarla yenilenen kontrol noktalarında durdukları gibi, kiliselerden Sırp yerleşim birimleri olduğunu tahmin ettiğim yerlerde de nöbet tutuyorlar. Trafiği yönlendiren kadın polis Kanadalıydı. Hintli, Afrikalı, Avrupalı... Her milletten birisi var. İnsanların böyle bir arada çalışmaları için hep savaş ve felaketler mi olmalı diye düşünmeden edemiyorum.

26 Temmuz 2000

Bu sabah bir yanık kokusuyla uyandım. Normal şartlarda sırtımı dönüp uyumaya devam edeceğim bir olay aslında. Ama Priştine'de olduğum için kalktım, pencereden baktım. Koridora çıkıp otelde yangın çıkıp çıkmadığına, belki de çıkarılıp çıkarılmadığına baktım. Meğer savaş sonrası her şey gibi belediye hizmetleri de durduğundan, çöpler yakılıyormuş. Bunu sonradan sorup öğrendim ama elbette bu heyecan ertesi bir daha doğru dürüst uyuyamadım. Su gelince duş alarak güne başladım. Bugün ilk defa süper markete de gittim. Eski Etiler Ekonomik Pazarı'nın bir gömlek üstü. Markette alışveriş yapan hoş giyimli bir adam ve makineli tüfekli bir Amerikalı koruma vardı. Aynı adamla sonra otelde yine karşılaştık. Kötü kötü baktı bana koruma.

Kosova'nın normal bir yer olmadığını gösteren olayları da yavaş yavaş yaşamaya başladım. Dün odamı temizlerken benimle konuşmaya çalışan kadın aslında matematik öğretmeni olduğunu anlattı. Meğerse bu oteldeki birçok Sırp elemandan biriymiş. Sırpların dışarı çıkıp Arnavutlar'ın arasına karıştıklarında can güvenlikleri olmadığı için, hayatlarını ancak BM görevlilerinin bulunduğu BM binalarında çalışarak kazanabiliyorlarmış.

Dün akşam oteldeki resepsiyon görevlisi Türk olduğumu anlayınca konuşabilmemiz için hemen oradaki bir odada yerleşik olan Türkçe radyoda çalışan birini çağırdı. Türkiye'den birini gördüğüne pek sevinen Kosovalı iki Türk ile böylece tanıştım. Ama bir süre sonra konuşacaklarımız bitti. Daha sonra görmek istediğim bir evi aradım. Karşıma nece konuştuğunu anlamadığım biri çıktı. İngilizce, Almanca ya da Türkçe bilmiyor. Bana kendi dilini konuşup konuşmadığımı sorduğunu anladım. Sanırım "şip" dedi. Meğer bu Arnavutça demekmiş. Resepsiyoncu "arkadaşıma" dönüp o dili konuşup konuşmadığını sordum, "hayır" dedi. Ben de arkadaşımın Sırp olduğunu anlayıp telefondaki adama Sırpça konuşup konuşmadığını sordum. "Hayır" dedi. Telefonu kapadık ve Sırp adam bana bir daha burada hiç kimseye Sırpça bilip bilmediğini sormamamı, bu yüzden öldürülebileceğimi söyledi. "Burada dört sınıf insan var. Birincisi Arnavutlar, ikincisi siz yabancılar, üçüncüsü köpekler ve dördüncüsü de Sırplar" dedi. Onu yatıştırmak istedim. "Düzelecek, biraz zamana ihtiyaç var" dedim. Umurumda değil gibisinden bir el hareketi yaptı. Sonra yine hiç Sırpça kelime kullanmamamı söyledi. Zaten hiç Sırpça kelime bilmiyorum ki, o yüzden bu uyarıyı pek anlayamadım.

Meğer, bugünkü oryantasyonun -bilgilendirme ve yönlendirme toplantısı- en önemli bölümünü oluşturan güvenlik brifinginde de anlatıldığı üzere, UNMIK için çalışan Sırpların hepsi BM'nin otobüsüyle, koruma eşliğinde her akşam ve sabah evden işe gidip geliyormuş.

İşyerindeyken de dışarı çıkıp başkalarının arasına karışmıyorlarmış. Herhalde bu nedenle bugün resepsiyondaki kadına, ailemin bana nasıl para gönderebileceğini sorduğumda, bilemediğini, dışarı çıkamadığını söyledi. Yani bu Sırp personel bu otelde hapis. Kurtarılmış bölgede! Güvenlik brifinginde ayrıca, BM için çalışan yerel görevlilerin çoğunun Arnavut olduğunu, Sırplar'ı öldürmek isteyebilecek insanlara, kimlerin Sırp olduğunu ifşa edebilecekleri söylendi ve tanışabileceğimiz Sırplar hakkında dikkatsizce konuşmamamız istendi. Yani kısacası, etnik temizlik tersine dönmüş. Önce Sırplar Arnavutlar'ı temizlemiş, şimdi Arnavutlar geride kalan Sırplar'ı temizleyerek, tek halktan oluşan bir Kosova yaratacaklar. Brifingde ayrıca bana dün resepsiyon görevlisinin çoktan söylediği, günlük hayatta hiçbir Sırpça kelime kullanılmaması da anlatıldı. Anlatıldığına göre, yeni gelmiş Bulgar bir BM görevlisi, güvenlik brifingi öncesi Bulgarca'ya yakınlığı sayesinde bildiği Sırpça'sını Pazar yerinde kullanmış ve ertesi gün öldürülmüş. Güvenlik brifinginin en can alıcı noktalarından biri de yerel halkla siyasal tartışmaya girmeme konusunda aldığımız uyarılardı. Dün akşam telefonda bir Arnavut'a Sırpça bilip bilmediğini sorarak ve daha sonra da zavallı Sırp resepsiyon görevlisine her şeyin zamanla düzeleceğini söyleyerek yapılmaması gerekenlerin hepsini yapmışım meğer. Bravo yani.

Brifingde söylenen bir başka şey de kiralayacağımız evlerin sahibinin Sırp değil, Arnavut olmasına, kira daha pahalı olsa da, dikkat etmemizmiş. Çünkü sahibi Sırp olan evler, boşlarsa Arnavutlarca işgale uğruyormuş ve kanunsuzca işgal edilmiş bir eve kira öder duruma düşüyormuşuz. Sahibi halen Kosova'daysa bu sefer de sahipleri kalamasın diye evler kundaklanıyormuş. Avustralyalı iş arkadaşım, Melbournelu Chester insanın bazen bu tür şeyler duydukça akıl sağlığıyla paranoya arasındaki sınırı korumakta zorlandığını söyledi. Kim bilir belki de bu kurtarılmış bölge otelden taşınınca oldukça bunalacağım.

Yeni bir şehre gelmenin, yeni bir hayata başlamanın heyecanını unutup, her şeye lanet ettiğim anlar hep ev ararken olmuştur. Bugün de aynı şeyi hissettim. Dardania denilen bir mahallede bir eve baktım. Giriş kapısı camlarının kırık, ortak kullanım yerlerindeki fayansların eksik, merdiven boşluğunun ışıksız, birinci kattan itibaren çalıştığı söylenen ama aslında hiç çalışmadığından emin olduğum asansörü de olan bir eve girdik. Yemek kokan bir apartmanda bulunmayalı uzun zaman olmuş. Yani bu tür yemek kokusu; biber, soğan karışımı. Apartmanı tarif etmek istiyorum; hani insanın pek görüşmediği, uzak akrabaları vardır. Bazen bayramdır, ölümdür, böyle istisnai bir durum nedeniyle evlerine gidilir. Evleri böyle kötü mahallelerdedir. O mahalleye girer girmez bütün başlar size çevrilir. Bir anda o mahallede göze batarsınız "zenginliğinizle." Hiç zengin değilsinizdir oysa. Mahalle adı vermek istiyorum. Şöyle Kozyatağı Emniyet Sitesi gibi, yani 60 sonlarında yapılmış, devlet dairesi görünümlü, şimdi emekli insanların oturduğu yerlere benzer, öyle bir yerdi. Apartmanın bahçesinde, şehrin diğer yerlerindeki gibi bir sürü plakasız ama çeşitli yerlerindeki çıkartmalar nedeniyle Almanya'dan çalınmış olduğu çok belli arabalar var. Hepsinde BM'nin eski Yugoslav plakaları yerine verdiği KS plakaları. Zaten bu KS plakaları sayesinde araba sahibinin Arnavut olduğu anlaşılıyor. Zira hiçbir Arnavut, arabasının plakası dahil, hiçbir şeyinin Kosova'nın bir zamanlar Yugoslavya yönetiminde olduğuna dair bir şeyler hatırlatmasını istemiyor.

Priştine'yi de bir yere benzetmek istiyorum ama aklıma tam uygun düşen bir yer gelmiyor. Ya ben Türkiye'de buraya benzer bir yerde bulunmadım henüz ya da böylesi yok. Yani taşra havası var, o yüzden pisliğini ve tozunu ve sıcağını andırması nedeniyle Yatağan diyebiliriz. Zaten termik santrallerin yarattığı kirlilik ikisi için de söz konusu. Ama etraftaki oteller ve hükümet binaları ancak büyük bir şehirde bulunabilir. O büyük şehir de gelmiyor aklıma. Sevimsiz olması şart.

Ev sahibim olma olasılığına en fazla sahip kişilerle de tanıştım. Arnavut oldukları ve BM için çalışmadıklarından otele gelme izinleri yoktu. Onları UNMIK'in kapısından aldım. Savaş sırasında beş ay Kanada'da mülteci maaşı alarak yaşamışlar. Ama orada kalıp sıradan insanlar olmaktansa, dönmeyi seçmişler. On iki yıl öncesiyle karşılaştırılınca Türkiye'nin şimdi Amerika gibi olduğunu söylediler. Bence de. Hele Türkiye'yi Bolivya, Kosova gibi yerlerle kıyaslayınca kesinlikle...

27 Temmuz 2000

Bugün de yine "normal" bir yerde olmadığımı hatırlatan bir sürü olayla geçti. Oryantasyonun önemli ayaklarından biri olarak mayın ve patlamamış bombalarla ilgili eğitim aldım. Mayınlar inanılmaz korkunç. Özellikle halkı terörize etmek için konulmaları, öldürme değil, sakat bırakma amaçlı olmaları çok korkunç. İnsanların akıllarını bu kadar feci bir şey yapmak için kullanmaları ne kötü. Bubi tuzaklarını da anlattılar, neyse onlara artık pek rastlanmıyormuş... Meğer Çin'den sonra dünyada ikinci büyük mayın üreticisi Yugoslavya imiş. Verilen en önemli tavsiyeler olarak, kimsenin girmediği boş evlere girmememiz, etraftan hatıra amaçlı hiçbir şey toplamamamız, dokunmamız söyleniyordu. Bunları dinlerken bir anda ilk uçağa atlayıp geri dönmek istedim. Sanırım en büyük tehdit patlamamış bombalardan geliyor. "Cluster bomb" denilen, yere düştüklerinde yüzde 10-15'inin patlamadığı bilinen bombalar bunlar. Buna rağmen Kosova'da da NATO tarafından kullanılmışlar. Demek ki havadan bombalamaya karşı olmamız için bir sebep daha var. Bugün harita okumayı ve telsizle konuşmayı da öğrendik. Telsiz konuşmalarında çok bariz bir şablon olması ilginç. Filmleri hatırlatıyor. Evime taşınmadan mutlaka telsizimi alacağım. Güvenlik açısından gerekliye benziyor. Özellikle telefonların pek de çalışmadığı düşünülürse.

Bugün Mitrovice hakkında birçok şey öğrendim. Dünkü brifingden oranın Kosovan'nın en sorunlu bölgesi olduğunu zaten biliyordum ama bugün sebebinin Kosova'nın diğer bölgelerindeki evlerinden olmuş Sırplar'ın kuzeye sığınması, Arnavutlar'ın da güneyde toplanması nedeniyle olduğunu ve bu yüzden de birçok çatışmaya sahne olduğunu anladım. Aslında Kosova'nın Arnavutlar'ın çoğunlukta olduğu güneyle, kuzeyinde Sırplar'ın çoğunlukta olduğu Mitorvice hattından bölünmesinden endişe ediliyor. Örneğin Sırplar geri çekilirken birçok yeri mayınlamış olmalarına rağmen o bölgeyi mayınlamamışlar. Yani Sırplar için bir geri çekilme planı yaratılmaya çalışılmış sanki. Askerlikte mayın kullanılmasının sebebi düşmanı büyük bir alandan belli bir koridora yöneltmekmiş. Aynı zamanda stratejik yerleri koruma amaçlıymış. Yani bu iğrenç şey için de böyle bir gerekçe bulunmuş, bir kılıf uydurulmuş.

Brifingde kültüre dair anlatılan şeylerden biri de son on yıldır iki toplum arasında karma evliliklerin çok nadir olarak yaşandığıydı. Son zamanlarda ise bu kişilerden taraflarını seçmeleri ya da Kosova'dan gitmeleri isteniyormuş. Ya da çiftler boşanıyorlarmış. Ne kadar zalimce!

30 Temmuz 2000

Bin bir imza ve form doldurduktan sonra adıma zimmetlenen telsizimi almanın verdiği rahatlıkla bugün evime taşındım. Dökülüp saçılabileceğim, bana ait bir yer var artık. Telsiz kodum Oscar Lima 19. Etrafta neler olup bittiğini duymak ve biraz da evde ses olsun diye telsizi açık bıraktım taşınma faslı sırasında. Ne alakaysa New Orleans'a ilk gittiğim zamanı anımsadım. O zaman da yabancı mobilyalarla dolu bir yere yerleşmiştim. Ama tabii New Orleans ile karşılaştırılınca Priştine'deki bu ev çok zavallı kalıyor. Kosova'daki sorun, Türkiye'deki ya da Amerika'daki hayatta alıştığım, üstünde düşünme zahmetine bile katlanmadığım, ama hayatı rahat kılan birçok şeyin olmaması. Örneğin üst katta bir ev tutuyorsan, su basıncının yetersizliği nedeniyle duş alamamak veya kışın ısıtma elektrikli olduğu ve enerji hatları da savaşta bombalanmış olduğu için ısıtma olmaması gibi. birçok şey -örneğin telefon- halen Yugoslavya üzerinden yürüyor ve bombalamadan zarar gördüğü için iyi çalışmıyor.

Dünkü oryantasyondan anladığım kadarıyla, Kosova sorunu çok eskilere dayanıyormuş. Ve hatta Bosna Savaşı ertesinde, Dayton Anlaşması sırasında ve öncesinde Kosovalılar kendileriyle de ilgili bir takım kararlar alınmasını istemiş, ama seslerini pek kimseye dinletememişler. Yani 1980'lerden itibaren süren, 1989'da Kosova'nın özerkliğinin kaldırılmasıyla doruğa ulaşan ve sonra da giderek daha da tırmanan ve sonunda patlayan bir bomba. Aslında tüm Yugoslavya patlamaya hazır bir bombaymış yıllarca Avrupa'nın ortasında. Demek ki bu "Halklar Mozaiği" sözü boş lafmış. Zira Yugoslavya nosyonu nedeniyle onu oluşturan halklar "ulus-devlet" sürecini geçirmemişler. Tito, her tür milliyetçiyi hapse attırmış. Miloseviç'in gelmesiyle Sırplar ulus-devlet sürecine girmiş ve diğer Sırp olmayan uluslar da bu sürece girmek isteyince, bir anda çatışmalar patlak vermiş. Şimdi ise Kosova'nın bağımsız olup olamayacağı veya Mitrovice hattından bölünüp bölünemeyeceği gibi konulara takılmadan, BM her şeyi yerli yerine koymaya çalışıyor. Yani aslında BM ile Arnavutlar'ın öncelikleri çok farklı. Yabancı devletlerin Rugova-Thaci[13] arasından kimi seçip, kime oynuyor olabilecekleri ve sebebi de önemli bir merak konusu.

Avrupa'nın bunca sene her şeyden haberdar olup, "Bırakalım, ya da görmezden gelelim, bir süre sonra düzelir" şeklindeki klasik aymazlığı kayda değer. Ama olay şu ki, yabancılar belli bir yere kadar bir şey yapabilir. Sonuçta iş buranın insanlarında bitiyor. Dün aynı şeyi Kenyalı arkadaşım Geoffrey de söyledi. Bu işten evvel, yine BM ile Kongo'da bir işe başvurmuş, önce buradan cevap gelmiş. Oradan cevap gelirse çok tehlikeli de olsa Kongo'ya gideceğini söyledi. "Çünkü Afrikalılar'ın Afrika'ya sahip çıkma vakti geldi" dedi. Aynı şey Türkiye için de geçerli. AB'ye girmek için yapılması gerekenler AB istiyor diye değil, biz bunlara inandığımız için yapılmalı. Elimizi taşın altına sokmak zorundayız.

Bugün şurada olacağım hiç aklıma gelmezdi. Hele geçen seneye bakıyorum da. Geçen sene bu vakitler Bolivya'da dağlara tırmanıyordum. O sırada tüm bunlar aklıma gelir miydi? İnsan geleceği asla kestiremiyor. Ya önceki sene? 1998 Temmuz sonu baro sınavı daha yeni bitmişti. New York'ta zor bir yaz geçirmiştim. İki sene ilerisini hiç göremiyordum. Ya şimdi? Altı ay sonrasını yine bilmiyorum.

31 Temmuz 2000

Geçen gece BM polislerinin takıldığı, hemen UNMIK'in karşısındaki barda üç Güney Afrikalı mayın tarayıcısı adamla tanıştım. İsveçliler temizliyor, onlar da kontrolünü yapıyormuş. Daha önce Angola'da da bu işi yapmış tuhaf tiplerdi. Sırplar geri çekilme anlaşmasının bir şartı olarak nerelere mayın yerleştirdiklerini gösteren haritalar vermişler. "Çok iyi" haritalarmış. Elinle koymuş gibi buluyormuşsun. Mayın tarama çalışmaları 2002 yılı sonunda tamamlanacakmış. Meğer tüm savaşlarda toprağı korumak için kullanılırmış mayınlar. Toprağa ilk adım atanların başına gelenleri gördükten sonra kimse bir adım ileri gitmek istemezmiş. Yani bir yerde mayın olup olmadığını anlamanın en iyi yolu önce oraya zavallı bir öncü piyade birliği yollamak. Aradan birkaç kişinin öleceğini zaten hesaplıyormuş komutanlar. Bana böyle anlattılar. O zaman insan niye öncü olarak giden piyade birliğinde olmak ister ki diye sorduğumda, "Zaten sadece salaklar piyadeye girer" dediler. Kendileri mühendismiş. O zaman piyade olunmuyormuş. "Tanrım bu korkunç bir şey" diye isyan edince, "Savaş bu" dediler. Sonra da beni mayın tarlasına götürmeyi teklif ettiler. Aman istemem. Ben orada korkudan bayılırım. Veya yanlış bir şey yaparım. Onlar için bu oyun gibi. Belki de insan tehlikeyle bu kadar iç içe yaşayınca böyle oluyor. Gülüp geçiyor.

Dün bir "Eski Priştine" turu yaptık. Turumuz müzeden başladı. Bombalamadan zarar görmemesi için birçok eser halen bodrumda saklı olduğundan göremedik. Buna rağmen çok ilginç bir şey duydum. Arnavutlar da bizim gibi ataerkil bir halk oldukları için erkek çocuğa çok önem veriyorlar. Ve eğer bir ailede erkek yoksa, o ailedeki kızlardan biri hayatını erkek gibi yaşıyormuş. Erkek gibi giyinir ve davranırmış. Tabii evlenmezmiş ve askere gidermiş. En son böyle bir vaka 60'lı yıllarda duyulmuş. On ay askerlik yaptıktan sonra anlaşılmış kadın olduğu müzede resmi olan bu hanımın. Çok tuhafıma gitti bu gelenek.

Müze ayrıca geçen seneki savaştan bir sürü "parça" içeriyordu. Bir sürü kolaj-vahşet resim, KLA (Kosova Kurtuluş Ordusu) ve Yugoslav askerlerin üniformaları, silahlar, müzeye kanlı geldiği iddia edilen bıçaklar, kurşun delikli kıyafetler. Bir yerde de Arnavutlar'ın tamamen el yapımı olarak imal ettikleri bir top ve roket atar vardı. Zeki bir üniversite öğrencisi yapmış.

Mimari açıdan evler bizim ahşap evlere çok benziyor; sedirler, ahşap kaplama, ve işçilik de. Müzede "Arnavutka" diye bir silah da gösterdiler. Türklerin kendilerine Arnavut dediğini ve Arnavutlar'ca kullanılan bu silaha da bu nedenle "Arnavutka" adının verildiğini anlattılar. Rehber bu sırada "Uzun Osmanlı işgali sırasında..." dedi. Bu cümleyi duyunca bir kez daha okulda her şeyi nasıl tek yanlı öğrendiğimizi fark ettim. İşgal değil fetih değil miydi o? Bu insanların bunu fetih olarak görmediği ve onları yönetmediğimiz için memnun oldukları çok açık.

Balkanlar'daki tüm milliyetçilik dalgaları gibi, Arnavut milliyetçiliği de çok geç kalmış bir milliyetçilik. O yüzden o en gözü dönmüş, şoven milliyetçiliği yaşıyor. Dün oldukça asabımı bozan bir sürü hikaye daha duydum. Sırplar hakkında olumlu konuşan bir BM görevlisini çıkışta bekleyip arabayla gezdiren, yeterince korkuttuktan sonra bırakan gençler; BM binasına bomba ihbarı yapıp, bütün binayı boşalttıran, sonra gerçekten de söylenildiği yerde ağzına kadar bomba yüklü olarak bulunan arabalar, hem de iki kere; Sırplar'ın kaçarken geride bıraktıkları köpekleri sahiplenen bir polisin, köpeklere ülke adları vermesi ve iki gencin gelip Sırbistan isimli köpeği öldürmek istemesi; polisin onun Sırp değil sadece bir köpek olduğunu anlatarak gençleri göndermesi, ama polisin tatilden döndüğünde köpeği yine de ölü bulması; Sırpları öldüren Arnavutları UNMIK polisinin yakalayıp nezarete alması ama ertesi gün beş kişinin çıkıp zanlılar ile o saatte içki içtiği şeklinde ifade vermesi gibi... Bunları duyunca içim karardı, gece uyuyamadım. Aklıma Brezilyalı Luiz'in "Zamanımız geldiğinde hepimiz gideceğiz" demesi geldi. Evet ama şimdi gitmek istemiyorum. Yani henüz.

Bu konuşma sırasında, Belgrad'dan nefret edilmesini ayrı tutarak, Priştine'deki Sırplar'dan ya da genelde Kosova'daki Sırplar'dan nefret edilmesinin sebebini anlamak istedim. Yani acaba buradakiler Sırbistan Sırpları geldiklerinde onlara yardımcı olarak, Arnavutlar'ın kıyılmasına imkan mı sağladılar? "Hayır" dedi Veronique, on aydır burada olan bir Fransız. "Sadece Arnavut değiller ve Arnavut olmayan herkesin ölmesi gerekiyor."

Bugün öğle yemeğinde börekçiye gittim. Buradaki börekler şekil olarak Türkiye'de Yugoslav göçmeni Türkler'in yaptığı böreklerin aynısı. Dükkan acayip dolu olduğundan adamın birinin yanına oturdum. Adam da Türk çıktı. Zor duyulan bir sesle Türkiye'deki akrabalarını anlattı. "Maalesef gidemedik yanlarına zamanında" dedi. Şu anda Kosova'da Arnavut dışında bir milletten olmak zor. "Sırplar en azından hak etti, biz hiç etmedik. Türkiye onlara o kadar yardım etti" dedi. Ben de Sırp hükümeti ile burada yaşayan sivil Sırpları bir tutmanın doğru olmadığını söyledim. Neyse ki hak verdi. Bu olayı anlattığım Brezilyalı diğer arkadaşım Wagner de, BM'deki Arnavutlar'dan birinin Wagner'in "O Sırp sana ne yaptı, ne zarar verdi ki?" demesi üzerine, "Öbür Sırpları durdurabilirdi" dediğini, Wagner'in "O kimi durdurabilir ki, o bir sivil, zavallı biri" demesi üzerine de Arnavut'un "Beni ilgilendirmiyor, birisinin onu öldürdüğünü görsem, hiçbir şey görmediğimi söylerdim" diye konuştuğunu aktardı. Çok korkunç. Ve bu adam BM'de çalışıyor. Bu herhalde yeni bir nesil yetişmeden geçecek bir nefret değil, çünkü burada nüfus çok genç. Bugünkü gençler kırk sene sonra da olanları hatırlayacak. Ancak şimdi çok küçük olanların ileride Sırplar'la birlikte olma şansları var.

Sırpça ile Arnavutça, Türkçe ile Rumca kadar farklı. Sırplar, Arnavutlar'la yüzyıllarca birlikte yaşadıkları halde Arnavutça bilmiyorlar. O yüzden kimliklerini gizlemeleri de çok zor. Adlarından, konuştukları dilden ya da Arnavutça bilseler bile aksanlarından anlaşılıyor "diğer taraftan" oldukları. Galiba Sırplara en kötü davrananlar Priştineli Arnavutlar değil, olaylar yüzünden Kosova'nın başka yerlerinden Priştine'ye göçmek zorunda kalmış olan Arnavutlar. Yani Belgrad yüzünden yerlerinden, yurtlarından olanlar.

Bu, öyle ekstrem bir ortam, radikaller öyle güçlü ki, ılımlıların hiç sesi çıkmıyor. Eminim ılımlılar da var. Örneğin, Wagner Arnavut bir kızla birlikte olan Sırp bir oğlandan bahsetti. Wagner onlara "Romeo ile Juliet" diyor. Oğlanın Hırvatistan'da akrabaları varmış, onların yanına gitmeye çalışıyorlarmış. Başka ne yapabilirler? Ne aileleriyle, ne arkadaşlarıyla birlikte olabilir, ne de insan içine çıkabilirler burada. Ancak Kosova dışında birlikte olabilirler. Zaten anladığıma göre birlikte olmak için Makedonya'ya gidiyorlarmış. En azından hala geçerli olan bir pasaportları olması bile büyük şans. birçok insanın kimlik belgeleri, pasaportları, kim olduklarını ispat edemesinler diye, Yugoslav askerlerce alınıp yakılmış. Oysa bu ülkeyi terk edip, can güvenliklerini sağlamanın tek yolu pasaport ve para. Çoğu insanda ikisi de yok. Bugün öğle yemeğinde konuştuğum Türk adam da "Türkiye'ye gidebilmek için para biriktirmek gerek" dedi. Zaten üç kuruş parası var, bir de benim hesabımı ödedi. İstemedim ama ısrar etti. Radyoda Türkçe programda çalışıyormuş. Türk olmadıkları halde Türkçe bilen o kadar çok insan var ki. Bugün annesi Prizrenli Arnavut bir kız, daha doğrusu çalışma arkadaşım, benimle Türkçe konuştu. Ailesinde Türk yok ama annesi Prizrenli olduğu için Türkçe biliyor. Prizren'de herkes bilirmiş. Niye böyle çok kültürlü, herkesin birbirinin dilini bildiği bir ortamı yok edip, tek bir kültür yaratmak gerekiyor?

1 Ağustos 2000

Bugün BM mekanizmasının nasıl işlediğini gördüğüm ilk dersimi aldım. Benim gibi bir sürü insan Kosova'ya getiriliyor. Kendilerine yapacakları söylenen işler çoktan yapılmış olduğundan uzunca bir süre yapacak işleri olmayan bu insanlara uygun iş bulunmaya çalışılıyor. Örneğin bana New York'a yollanan kağıtlarda yapacağım söylenen iş, yani seçmen kaydı, çoktan yapılmış ve bitmiş. Bana bir iş bulunana kadar boş boş oturacağım, tahminen diğer birçok kişiye olduğu gibi bana da uygun olmayan bir işe verileceğim. Tamamen para ve prestij kaybı BM için.

BM Güvenlik Konseyi'nin, bu Misyonu kuran ve hepimizin burada olmasını sağlayan 1244 sayılı kararı uyarınca burada en kısa zamanda bir yerel seçim yapılması gerek. Seçim yapılabilmesi için de insanların kaydolması şart. Kayıtları yapılmayanlara da temyiz ve itiraz hakkı verilmiş. Benim sonunda iş bulduğum bir komisyon işte bu itirazlara bakacak. Ancak, en az 15 kişi olduğumuz halde hiçbirimizin şu an işi yok. Galiba bu ay sonuna kadar da olmayacak. Ne kadar korkunç! Bu nasıl bir organizasyon, anlamıyorum. Hepimiz bunaldığımız halde boş boş oturmak zorunda kalıyoruz. Boş durmaya alışık olmayan insanlar için bu çok zor ve de yazık.

Geçen gün Sırplara yapılanlarla ilgili korku dolu hikayeleri duyduğumdan beri ya beni de Sırp zannederlerse diye paranoyaya kapılmış bir haldeyim. Duyduğuma göre eskiden Sırplar'ın oturduğu evleri arayıp, Sırplar hala orada mı diye bakıyorlarmış. Sabah telefon çaldı. Kimse konuşmadan kapattı. "Bu evin sahibi Arnavut" diyebilseydim keşke. Demin de manavdan meyve alırken, şeftali kasasına serilmiş gazete kağıdında, su topu oynayan insanların fotoğrafını gördüm. Tabii hemen ilgimi çekti. Biraz fazla uzun bakmışım herhalde ki manav bana garip garip baktı, neye baktığımı anlamak ister gibi. Meğer gazete bir Sırp gazetesiymiş. "Eyvah beni Sırp zannetti" korkusuna kapıldım. Demin de Hotiç'ten aldığım ayakkabıları Arnavut evlerine girerken çıkardığımda elime almam gerektiğini düşündüm. İçindeki "Hotiç" markasından dolayı çok sevdiğim ayakkabılarımın yok edilmesini istemiyorum. Abartıyorum galiba.

Bugün çalıştığım komisyona yardımcı olan Arnavutlar'ın yanına gidip bana biraz Arnavutça öğretmelerini istedim. Cümleler yazdım. Fakat telaffuzumu aynı Sırpların telaffuzuna benzettiler. O yüzden Arnavutça öğrenme hevesini bir kenara bırakıyorum. İngilizce, Almanca, Türkçe bir şekilde anlaşıyoruz işte. Herhalde burada hayatta ve akıl sağlığım yerinde kalmak en büyük başarı olacak.

birçok Afrikalı ve Asyalı'nın burada para biriktirmek için bulunduğu anlaşılıyor. Zavallılar, kendi ülkelerinde ayda 400 dolar kazandıkları için burada ayda 2000 dolar kazanıp, para da biriktirince, ülkelerine zengin olarak dönüyorlar. Brezilyalı arkadaşım Wagner de para biriktirmek için gelmiş. Bugün Nijeryalı Mamabula da ABD'de dayılarının yanında okuyan çocuklarının eğitimi için para biriktirmek amacıyla bu yaşında Kosova'ya geldiğini söyledi. Zavallı kadıncağız. Kimin aklıysa buraya gelirken uçuşu Belgrad üzerindenmiş ve oradaki görevliler yüzünden başına gelmedik kalmamış. Bu arada "beyaz" olmayan bu yabancılara "Avrupalı" Kosovalılar'ın pek de iyi bakmadığını söylemek lazım. "Benim bir Bangladeşli'den öğrenecek neyim olabilir? Onlar kendilerine baksın önce" dedi bana ev sahibim. Bangladeşli birçok polis var, BM'den iyi para aldıkları için burada olan. Ama o istenen "beyaz" polisler rahat hayatlarını bırakıp da böyle yerlere gelmezler. Zaten hepsinin parası da vardır. Ayrıca para için gelseler de, öbür türlü BM uluslararası bir örgüt değil, bir "beyaz" kulübü olur.

Bugün öğleden sonra iki çalışma arkadaşıma rastladım. Yanlarında Türkçe bilen başka bir Arnavut adam da vardı. Meğer İzmir'de akrabaları varmış. Beraber kahve içtik. Kosova'da bu kadar çok Türkçe bilen insan olmasına çok şaşırdığımı söyledim. "Sen bir de Prizren'i gör" dediler. "Sırplar Türkler'den çok daha fazla olduğu halde niye kimse Sırpça bilmiyor?" dediğimde, "Biliyoruz" dedi. "Ben iki dili de konuşuyorum."

2 Ağustos 2000

Bugün öğle yemeğini kayıp kişileri teşhis edip, ailelerine teslim eden komisyonda çalışan biriyle yedim. Aslında "kişi" değil ceset demek daha doğu olur herhalde. Böyle bir işe nasıl bulaşılır ki? "Genelde paketli oluyorlar" dedi kızcağız. Psikologmuş. Çoğunlukla paketler erkek ve tabii aileler de korkunç üzgün oluyor. "Ben de eve gidip üzülüyorum" dedi. Uzun, tipik bir BM yemeğiydi. Bu tür geçici BM misyonları hep böyle organizasyonsuz ve uzun kahve molalı, uzun yemekli olurmuş. Belki de işe alma prosedürü çok verimsiz ve koordinasyonsuz olduğu için böyle. Ordu gibi biraz da. On kişinin yapacağı işi bir kişiye yaptır, bir kişinin yapacağını da on kişiye yaptır.

Buraya ilk geldiğimde bana hemen verilmesi gereken parayı almak için yine epey uğraştım ve biraz ilerleme kaydettim. En azından imzası halledildi. Aynı Türkiye'deki devlet dairesi mantığıyla yürüyor işler. İmza için sürekli oradan oraya gidiyorsun. Yine de parayı ne zaman alacağım belli değil. İnanılmaz bir bürokrasi.

Bizim Komisyondaki Ugandalı üye Türkiye'nin Kıbrıs'ı koloniieştirdiğini bana söyleyen ikinci Afrikalı oldu. Aynı şeyi Balkanlar için de söyledi. Elbette sömürgeciliği Afrikalılar'dan daha iyi bilecek değilim ama Osmanlılar'ın hiçbir zaman Batı Avrupalı sömürgeciler gibi üretime, dolayısıyla hammadde arayışına dayalı bir ekonomisi olmadığını, sömürgeci olsak şimdiki gibi sürünüyor olmayacağımızı anlatmaya çalıştım. Bu konuşmada en rahatsız olduğum şey, istemeden de olsa, karşımdakine milliyetçi görüntüsü vermek. Kıbrıs'ı Kosova'ya bağladım. Kıbrıs'taki eski kuşağın hala Rumlar söz konusu olduğunda onlarla birlikte yaşamak istemediklerini, yeni yetişmiş kuşağın ise nefret dolu olmadığını söyledim. Kosova'ya da 20 yıl gerek. Savaşı hatırlamayan yeni bir kuşağın yetişmesi için. O da burası gibi yaş ortalamasının 25 olduğu genç nüfuslu bir ülkede zor. Buradaki ilk yaşlıları Pazar günkü eski Priştine turunda gittiğimiz, Osmanlı yapımı bakımsız camide namaz kılanlar arasında gördüm.

5 Ağustos 2000

Şu an Mavrovo, Makedonya'dayım. Brezilyalı Wagner, Fransız Veronique ve Pakistanlı Mahmut ile bir BM arabasına doluşup geldik. Priştine'den çıkmak için her fırsatı değerlendirmeli. İnsan gerçekten beziyor. Peru'dan Bolivya'ya geçince yolun bozulması gibi, Kosova'dan Makedonya'ya geçince yol düzeldi. Etraf daha bir huzurlu oldu. Yine işsizlik ve fakirlik var ama burası Kosova'ya göre bin kat daha iyi.

Veronique'in de dediği gibi, "Herkesin kültürüne saygı göstermemiz gerek." Örneğin, fark ettim ki, ben dindar insanlara saygı gösteremiyorum. Yolda Mahmut bir caminin önünde arabayı durdurup, "Hemen geliyorum" dediğinde camiye tuvalet için gidiyor sandım. Meğer namaz kılacakmış. Kendi namaz kılacak diye bizi orada on dakika bekletmesi bence tuhaf. Bir yandan da oraya gezi için gitmiş olduğumuz düşünülürse, on dakika beklemenin bize bir zararı olmadığı da açık. Buna rağmen camiye gitmesine sinir olmam benim dindar insanlara karşı, aynı onların dindar olmayanlara yaptığı cinsten bir tahammülsüzlük içinde olduğumu gösteriyor. Bundan hiç hoşlanmadım. Birbirlerine engel olmadıkları sürece herkes istediğini yapabilmeli. Benim de buna saygı değilse bile tolerans göstermem gerek. Seferi olunca namaz kılmak gerekmiyordu galiba gibi bir şey söylediğimde Mahmut'un yaptığı açıklamalar üzerine aramızda doğan fikir ayrılığı arabadaki diğerlerini çok eğlendirdi. "Mezhep kavgası demek sizde de var" dediler.

Rumeli'de olmak tarih dersi gibi. Üsküp'ün ortasından Vardar nehri geçiyor ve o ünlü Vardar Ovası da iki yanda uzanıyor. Yine kitaplardan bildiğimiz Manastır'ın yeni adının Bitola olduğunu, kafama kakarak, ters ters söyleyen resepsiyondaki adamdan öğrendim. "Montenegro" diye bahsedilen yer yine bildiğimiz "Karadağ"mış meğerse. Türk olunca ve şehirleri bizim bildiğimiz adıyla anınca, insanlar doğrudan eski "egemen gücü" temsil ettiği düşünülen bana tepki duyuyor. Kimseyi kızdırmak istemesem de sonuç bu olabiliyor, tuhaf.

Mahmut doktor. Sırp asistanının iki ay önce öldürüldüğünü anlattı. Asistanın kullandığı araba asistanla birlikte sırra kadem basmış. Bundan hemen sonra adamın biri Mahmut'a gelerek, "Asistanınızın başına gelenler çok kötü ama biliyorsunuz, Kosova tehlikeli bir yer, bu herkesin başına gelebilir" demiş. Mahmut, hastanedeki ilk gününde Arnavut birini benzin almaya yollamış. Saatlerce geri dönmeyince adamın evine giden Mahmut, adamı tir tir titrerken bulmuş. Benzinci tarafından hayatında ikinci kez ölümle tehdit edildiğini söyleyen adam ilk tehdidini de savaş sırasında, Sırplar ailesinin önünde onu otobüsten indirdiğinde almışmış. Onu otobüsten indiren asker tam tetiği çekmek üzereyken komutanları gelip, bir firari olduğunu, onu bırakıp hemen firarinin yakalanması emrini vermiş de öyle ölümden kurtulmuş. Benzinci ise adamın hastanede çalıştığını biliyormuş ve hastanede Sırplar da tedavi edildiği için benzin vermemiş.

Burada bir parantez açıp Kosova'da bir biri ardına açılan benzincilerin çoğunun KLA eskisi, mafya bağlantılı kişilere ait olduğunu, o yüzden böyle fanatik milliyetçi benzincilere şaşmamak gerektiğini ekledi.

Bu hikayelerin hepsi birbirinden korkunç. İşin tuhaf yanı New York'ta sutopu oynadığım Karadağlı Lazar beni uyarmıştı. Bense bunların hiçbiri basında duyulmadığı için inanmamış, hatta abarttığını düşünmüştüm. Basına ne kadar çok güvendiğime şaşmalıyım ama belki de normal bunları duymamak. Yine de nasıl olur da duyulmaz? Bir yandan da iyi, çünkü duyulsa annemler çıldırır. Ama bunları bilsem buraya yine de gelir miydim, bilmiyorum. Buraların beklediğimden çok daha çetin çıktığı kesin...

7 Ağustos 2000

Bugün bizim Komisyon ile AGİT'in[14] Komisyonu arasında yapılan bir anlaşma uyarınca yeni başladığım işimde, buraya geldiğimden beri ilk defa bir işe yaradığımı hissettim. Sanırım bu anlaşma uyarınca bir kaç ay AGİT için çalışacağım. Günümü bilgisayar oyunlarıyla değil, gerçek dosyalar okuyup fikir beyan ederek geçirdim. O kadar mutluyum ki. Okuduğum şeylerin korkunçluğu bile bu mutluluğu bozamıyor. Yine de şaşmadan edemiyorum. İnsanların bu kadar kolayca el bombası, mermi gibi şeyleri bulması inanılır gibi değil. Kırsal alan olduğu için istedikleri adamı bu kadar kolay kaçırıp, istediklerine ateş edip, istediklerini de öldürebiliyorlar. Üstelik cesetler bulunmuyor bile. Aşırı milliyetçilerin para ve silahları var. Gerilla savaşından kalma "rahatsızlık" ve "gözdağı" verme taktikleri de. Zaman zaman Priştine'de olduğum için çok seviniyorum, her ne kadar tehlike her yerde olsa da.

Her şeye rağmen Amerika'ya nazaran burada kendimi daha "evimde" hissediyorum. Bir çeşit kimlik arayışına dönüştü bu. Belki de Balkanlar beni hep çektiği için gelmek istedim buraya. Bilmiyorum. Buradaki tatillerimi Balkanlar'ı gezerek değerlendirmeye çalışacağım.

8 Ağustos 2000

Çalıştığım Komisyon Türkiye'de Yüksek Seçim Kurulu'na benzer bir iş görüyor. Öncelikle Ekim'de yapılacak belediye seçimlerinde siyasi partilerin Siyasi Partiler Kanunu'na uyup uymadığını denetliyor. Siyasi partilerin adaylarının rahatsız edilmesi, terörize edilmesi gibi durumları araştırıp seçimlerin demokratik ve adil bir ortamda yapılmasını sağlamaya çalışıyor. Bu denetimlerden birini gerçekleştirmek ve birbiriyle ilgili iki olayı araştırmak için bugün ilk defa Priştina'nın kuzeyinde Podujevo denilen bir yere gittik. Sefil, caddeleri çamur içinde bir yerdi. Oralarda bayağı bir çarpışma olduğu evlerin çoğunun duvarlarının irili-ufaklı deliklerle dolu, pencerelerin is içinde, damların yanmış olmasından belli.

Podujevo'ya benden başka, Komisyondaki Kenyalı bir başka hukukçu, Romen bir polis ve Arnavut tercümanımızla gittik. Aralarında tek kadın bendim. Priştine'de sevgili bulmaktan açıldı konu. Evli olduğu halde Kenyalı Geoffrey'nin bunu sormasına kızdım. O da bana Kenya'da evliliğe Batı'daki gibi hayat boyu beraberlik olarak bakılmadığını, insanların çocuk yapmak için evlendiğini, hatta evli olmayan insanlara toplumda sorumluluk alabilecek kişiler olarak bakılmadığını, insanın iki-üç eşli olabileceğini söyledi. Batı'da insanların metresleri olduğunu, bunu gizlice yapacağına açıkça yapmanın daha doğal olduğunu ileri sürdü. Herhalde insan evliliğe bir hayatı karı-koca olarak geçirmek diye bakmayınca bu görüş normal. Sonuçta evliliğe böyle bakanlar bile birbirini aldatıyor ya da boşanıyor. Ben de bu açıklama karşısında insanlığın yüzyıllardır boğuşmasına rağmen henüz evlilik konusunu/meselesini çözemediğini söyledim.

Burası, bana hiç benzemeyen insanlarla tanışmam ve çalışmam açısından çok ilginç bir yer doğrusu. Geoffrey ayrıca, barış olmamasından doğan koşullar dışında, Kosova'nın Kenya'dan daha iyi bir yer olduğunu düşünüyordu. Eminim doğal güzellik açısından Kenya buraya 15 basar. Ama eğer sistem olarak Kosova daha iyiyse vay Kenya'nın haline. Bu örneklerin yanında Türkiye gerçekten çağ atlamış demek ki...

12 Ağustos 2000

Dün Kosova'da ilk defa gerçekten güzel bir yer gördüm. Batlava Gölü denen bir yerde Alman ordusunun madalya törenine gittik. İnsan onların bu düzenine, özellikle Priştine'deki bu düzensizlik, hatta yokluk içinde yaşadıktan sonra daha da hayran oluyor... Yoldaki işaret ve tabelalar sayesinde kimseye bir şey sormamıza gerek kalmadı, yeri kolayca bulduk. Törenin ardından düzenlenen partide hoş bir canlı müzik, ışık, yiyecek, içecek, tuvalet, her şey düşünülmüş... Önemli olan tabii adamların böyle güzel bir ortamı da bulmuş olması. Göl bir nehir gibi kıvrıla kıvrıla gitse de etrafta hep çatışma izleri ve damsız evler yine de vardı. Kosova'nın her yerinde görülen KLA mezarları ve üstlerinde her zamanki çelenkler... Böylesi cennet bir yerde bir zamanlar çatışma olmuş ve birilerinin ölmüş olmasını insan tasavvur edemiyor.

"Cennet"ten söz etmişken mekanda binlerce erkek ve çok az sayıda kadın olduğunu eklemek lazım. Erkeklerin kadın "eti" aradıkları zamanki halleri nedeniyle ortam biraz korkutucuydu.

Yani ne istedikleri o kadar belli ki, sadece kaçmak istiyorsun, güvenli bir yere sığınmak... Öyle bir savunma kalkanı takmak zorunda hissediyorsun kendini. Bu şekilde bakma cüretini nereden buluyorlar? Onlar senden hakları olan bir şey istiyor, ama sen oyun bozanlık ediyormuşsun gibiler.

Priştine'ye döndüğümde eski Komisyon'daki Avustralyalı arkadaşlarım Chester ve Joe sayesinde de ilk defa hoş bir Priştine gecesi geçirdim... Meğer barlar varmış Priştine'de. Çok absürd gerçekten. Savaştan bir yıl sonra, etraf sefillik içindeyken, bara dönüştürülmüş bir terasta, dev ekrana karşı içkini içiyorsun. Sonra Etiler'deki barlar gibi bir başka bara gidiyorsun. Girerken içeride Buena Vista Social Club'ın çalması o yüzden çok tuhafıma gitti. Tabii içeride yine uluslararası gettomuzdan bir sürü kişi. Tuhaf. Chester ile konuşurken, kız arkadaşının gelip burada bir sivil toplum örgütünde iş arayacağını öğrendim. Belki Daniel da bu fikirle ilgilenir.

13 Ağustos 2000

Burada normal hayatımda hiç karşıma çıkmayacak insanlardan biri de bizim Komisyon için çalışan Alman polis. Hatta tanışmaktan öte birlikte çalışmak ve dostluk etmek çok ilginç. Hans, kafamda hep o faşist, sinir bozucu polis tipi olduğu için özellikle yeni bir polis imajı yarattı. New York'ta bir arkadaşımın paralı telefona sıkışan parasını almak için alete vurması üzerine kamu malına zarar vermekten bir gece nezarete alınması olayına inanamadı. "Bu tür şeyler yaptığın zaman olay bitiyor, insanların kanuna/polise saygısı kalmıyor" dedi. Elbette bunu aklı başında herkes düşünür ama bir polis düşününce daha hoş. Meğer Hans üç senedir yurtdışında polislere eğitim vermekle görevliymiş. Arnavutluk, Bosna, şimdi de burası. Öncelikle iki şey öğretiliyormuş: 'Stress management', yani stresle başa çıkmak ve değişik kültürden gelen insanlarla çalışabilmek; insanların bir şeyleri farklı yapmasının ille de "Doğrusunu biz yapıyoruz, onlar yanlış" anlamına gelmediği, herkesin iyi yapacağı bir şey olduğu ve o iyi yaptığı şeyin ortaya çıkarılması gibi... Sonra hafif uyuşturucuların legalize edilmesini bile konuştuk. İlginç... Belki de değişik tipler geliyor böyle yerlere. Hatta bu arada tanıştığım bir Türk polisi de oldu. Adı Mustafa, Ordulu'ymuş. Bana nereli olduğumu sordu. İstanbullu olduğuma inanamadı. Babamın da İstanbullu olduğunu söyledim, o sorunca. İlk defa gerçekten İstanbullu biriyle tanıştığını, sadece Rumların İstanbullu olduğunu zannettiğini söyledi. Yani Rumlar'ın İstanbul'da Türkler'den daha eski olduğunu bilen bir Türk polisi var yeryüzünde.

Bu tür ilginç konuşmalar yanında, herkesin duyduğu ve birbirine anlattığı korku dolu hikayelerin de mekanı burası. Daha ilk geldiğimde Sırpça konuşmamam ya da Sırp zannedilmemem için elimden geleni yapmam için anlatılmış hikayelerden birinde, barda Sırpça konuşan birinin bar çıkışında dört kişi tarafından zorla bir arabaya bindirilmesi, birkaç saat "gezdirilip","Ne yaptığını, kim olduğunu biliyoruz, seni izliyoruz" tehdidiyle bırakılması da vardı. Meğer bu hikayenin kahramanı benim zavallı patronum Jeff'den başkası değilmiş. Bu sabah saat dört civarında siren sesleriyle uyandım ve bu hikayeyi ve Jeff'in elemanı olarak başıma gelebilecekleri düşünmekten bir daha uyuyamadım. Acaba o tehdit beni de kapsar mı? Ben de onun gibi 'bodyguard'larla mı gezeceğim? Bu tehdidi alabileceğim yer olarak, dış kapının kapalı tutulmaması nedeniyle apartmanın girişi olduğunu düşündüm. Bir kaç tane Alman polisle aynı apartmanda oturduğum halde yine de birçok şeye maruz kalabileceğimi düşündüm ve bir daha uyuyamadım. Sonunda yatakta debelenmeyi bırakıp Üsküp'e de gideceğimiz için erkenden kalktım.

Üsküp'e giderken yolda Türk otobüs şirketlerine ait Prizren-İstanbul-Bursa istikametinde giden otobüsler görmek çok tuhafıma gitti. Ama en tuhafı iki Brezilyalı ile bir Pazar gününü, özellikle o gün hiç hayat olmayan bir Üsküp'te geçirmekti. Yani bundan iki ay önce biri bana böyle bir şey söylese gülerdim herhalde. Üsküp'te, bırak Pazar günlerini, normalde de pek hayat var gibi durmuyor. Komünizm şehirlerin ruhunu öldürmüş. Devlet ön ayak olmadıkça bireyler hiçbir şey yapmadığı ya da yapamadığı için sosyal hayatta büyük bir boşluk var. Ruh yok. Güzel bir yere, hoş bir lokanta kurayım, güzel yemekler yapıp, hoş bir ortam yaratayım; hem insanlar için güzellik, hem de benim için para olsun diye bir anlayış yok. Yemek kötü, servis kötü. Ama bunlar kimsenin umurunda değil. Makedonya ve Kosova gibi yerleri gördükçe Türkiye'nin ne kadar girişimci ruha sahip bir yer olduğunu daha iyi anlıyorum. Belki de ülkeye çok gelip giden olması, turizm, yurtdışında bir sürü insanın çalışması gibi faktörler de etkili bunda. Ama buradaki insanların yarısından çoğu da başka yerler görmüş...

14 Ağustos 2000

Bu sabah saat üçte bir telefonla uyandım. Almanya'dan aradığını söyleyen birisi bana anlamadığım bir dilde bir şeyler söyledi. Kendisini anlamadığımı, sabahın saat üçünde birini aramasının affedilemez olduğunu söyleyerek telefonu kapadım. Tekrar aradı. Kosovalı olup olmadığımı sordu. Ben de uluslararası bir görevli olduğumu, BM için çalıştığımı söyledim. Almanca bilip bilmediğimi sordu. Yalan söyleyerek "Hayır" dedim.

Hotmail ve Yahoo adreslerimin "hack" edilmesinden sonra bu olay tuz-biber ekti. Güvenliğe rapor tutturdum ama bir yandan da Kosovalı isem ne olacak, değilsem ne olacak diye düşünmekten alamadım kendimi. Önemli bir şey olduğunu sanmıyorum. Ortada bir tehdit yok. Ama insan biraz bunalıyor. Sükunetimi korumak ama yine de dikkatli olmak istiyorum. Biliyorum ki, burada başına böyle şeyler gelen tek kişi ben değilim. Bütün bunlara, hatta daha beterlerine rağmen, burada kalmaya devam eden bir sürü kişi var.

Kosova'da beni en fazla rahatsız eden şeylerin başında kasaba adlarını Sırpça ve Arnavutça veren trafik tabelalarından Sırpça adların karalanmış ve okunmaz hale getirilmiş olması geliyor. Buradan sağ çıkarsam uzun bir süre kendime gelmek için uğraşacağım galiba.

16 Ağustos 2000

Bugün yine ilk geldiğimde kaldığım UNMIK Otel'de odamı temizleyen Sırp kadını gördüm. Tedirgin bir halde kendisini güvenli bir şekilde evine götürecek tek araç olan BM otobüsünü bekliyordu. Zaman zaman da yine aynı otelde resepsiyon görevlisi olarak çalışan Sırp kadını görüyorum. Aynı kadını yanında bir yabancı ile, bir süper markette, gözünde yüzünün yarısını kaplayan gözlüklerle alışveriş yaparken de gördüm. Tam BM'nin karşısındaki, hep yabancıların gittiği bir bara yine yanında "koruma"sı bir yabancı ile geldi.

Çalıştığım yerdeki temizlikçi kadınlar da hep Sırp. Sanki BM'de temizlikçilikten başka yapabilecek şeyleri kalmamış. O kadar acıklı ki halleri. O kadar mahzun ve tedirgin bir halleri var ki. Hareket kabiliyetleri hiç yok. Bir yerden bir yere güvenlik içinde gidemiyorlar. KFOR okula giden Sırp çocuklara bile eşlik ediyormuş. Okuduğum insan hakları raporları bunun çok ciddi izolasyon ve yabancılaşma sorunlarına yol açtığını yazıyor. Ürettiği sebzeleri -ki bu onların geçim kaynağı- gidip satamıyor adam. Mitrovice'nin kuzeyinde yaşayan bir Arnavut isen bu kez aynı şeyi Sırplar yapıyor.

Bugün Komisyonu birisi aradı ve yarın Jeff'in yapacağı sunumun, kuzeyde Sırbistan'a en yakın belediye olan Leposevaç'ta olacağını, orada Sırplar çoğunlukta olduğu için Arnavut şoför ve tercümanla gelmemememizi istedi. Tercümanımız Alimir, Sırp şoförlerinin olmadığını ama kendisinin annesi Sırp olduğu için mükemmel Sırpça konuştuğunu söyledi. Sanırım annesi Hatice adını kullanıyor şimdi. Bir yandan da Priştine'den birçok Sırp'ın o bölgeye gittiğini ve orada tanınabileceğini, o nedenle birisinin "Hadi, şunu öldürelim" diyebileceğini belirtti. Yani Alimir yerine başka birini bulmalıyız.

Şu anda ikinci bir emre kadar Kosova içinde görev harici seyahat etmek yasak. Galiba yine bir şey oldu ama henüz ne olduğu bilinmiyor. Burası aklını kaybetmiş.

20 Ağustos 2000

Bu hafta sonu Peja'ya gittim. Dağların arasında, yemyeşil, sempatik bir yer. İtalyanların denetiminde. II. Dünya Savaşı sırasında yine İtalyanların işgalindeymiş. O yüzden evinde kaldığımız aile dahil birçok insan hala İtalyanca biliyor. Üstelik cappucinolar da güzel. Bir bölge hangi KFOR birliğinin denetimindeyse o birliğin izleri görülüyor.

Herhalde Kosova'nın en harap olmuş yeri Peja bölgesi. Köylerin çoğu, bazen kısmen, bazen tamamen yıkık. Sadece yıkılmış değil evler, top ateşine tutulmuş, toz duman edilmiş; yine yoğun kurşun izleri, her yerde yakılmış arabalar ve otobüsler... Bu boyutta bir tahribat gerçekten inanılmaz. Sanki bu ülke çok zenginmiş de o yok olan değerleri hemen yerine koyabilecekmiş gibi. Ama yine de etrafta çok yoğun bir inşaat ve çatı onarım faaliyeti var. Arnavutlar da bizdeki gibi yurtdışında çalışan akrabaların gönderdikleri paralarla birçok şeyi gerçekleştiriyor.

Karadağ yolundaki Rugova Vadisi'nde nehir kenarında piknik yaptık ve rastladığımız İngiltere'de yaşayan bir Arnavut'la biraz konuştuk. Bunca Avrupalı özel askeri birlik olduğu halde Kosova'daki kanunsuzluğa nasıl hala engel olunamadığını anlayamadığını, bu yüzden Kosova'ya geri gelmek istemediğini söyledi. Kalbinin dönmesini söylediği ama bunun çok da mantıklı bir karar olmadığını düşündüğü belliydi. İngiltere'nin çok yakın olduğunu belirterek, Kosova'nın kendisini çağırmayacağı daha uzak yerlere gitmek istediğinden bahsetti. Ondan ayrıldığımızda iki İngiliz, bir Amerikalı, bir İtalyan ve ben "Batılı güçler" olarak neden bunlara engel olamadığımızı konuştuk. Bulduğumuz açıklama, BM'nin, her şeyin Güvenlik Konseyi'nin kararıyla yürüdüğü politik bir organ olması ve hiçbir Batılı ülkenin Kosova'da daha etkili bir politika izleyerek, askerlerinin hayatını tehlikeye atıp, kendi kamuoyuna hesap vermek istemediğiydi. Bu yüzden kimse elini taşın altına sokmuyor. Özellikle bu yılın ABD'de seçim yılı olduğu düşünülürse... O irade olsa, askerler burada kuş uçurtmaz. Ama o irade yok. Bir yandan da Kosovalılar'ın kanunsuzluğa karşı vermesi gereken savaşımı ve alması gereken tavrı, öncelikle onlardan değil de yabancılardan beklemek, sonuç verse bile, ne kadar kalıcı olur diye de düşünmeden edemiyor insan.

27 Ağustos 2000

İstanbul'da geçirilmiş iki harika gün ve geceden sonra işte yine Priştine'deyim. Aynı İstanbul uçağından indiğim AGİT görevlisi bir İngiliz ve Amerikalı bir KFOR askerine giderek, BM kimliğimi gösterdim ve "Priştine'ye mi gidiyorsunuz?" diye sorarak arabalarına bindim. Biri Hollandalı, diğeri Bosnalı bir çift de aynı şeyi yaptığından hep birlikte kolayca geldik Üsküp'ten. Yabancılar arasındaki bu dayanışma gerçekten çok iyi. Tam da havaalanından şehir merkezine nasıl gideceğimi, hangi otelde kalacağımı, ertesi sabah BM servisiyle nasıl geri döneceğimi düşünürken...

Bu kadar yabancı görev nedeniyle Kosova'da olunca elbette bütün yol boyu BM-AGİT karşılaştırması yapıldı, Bosna-Kosova farkı konuşuldu. Bu konuşmalardan anlaşıldığı kadarıyla hayatını bu tür işlere adamış insanlar var ve bu ülke senin, o ülke benim, o krizden bu krize son derece güç koşullarda yaşıyorlar. Çok ilginç bir hayatları var. Ayrıca tarih ve politika hakkında çok bilgililer. Bugün o ikilemi yaşadım. Yani böyle bir hayat, tarihi yaşamak, bir sürü ilginç insanla tanışmak açısından, yaptığın işin verdiği tatmin açısından çok güzel. Ancak aynı zamanda insanı hüzünlü ve bunalıma sevk edecek bir yanı da var. Ayrıca yalnızlık da cabası. Her ne kadar burada tanıştığım birçok insan evli olsa da, misyonlarda dolaşarak yerleşik bir hayat kurulması imkansız gibi. İstanbul'a gidip orada yerleşik hayatı olan arkadaşlarımı görünce böyle dolaşarak yapamayacağımı düşünüyorum. Bir yandan da eğer bu Hollandalı-Bosnalı çift gibi eşimle oradan oraya gidebileceksem, yerleşememek çok umurumda olmazmış gibi geliyor.

Sanırım AGİT ile BM arasındaki farkların en önemlisi, AGİT belli bir kaç konuda uzmanlaşmışken BM'nin birçok alana dağılmış olması. Aynı zamanda BM çok büyük, AGİT çok daha küçük. birçok şeyini eleştirsek de BM'nin varlığını devam ettirmesi konusunda kimsenin kuşkusu yok ve herkes mevcut sistem içinde bir şeyler yapılmaya çalışılmasının doğru olduğu görüşünde.

Eve dönüp yine insan hakları raporlarını okumaya daldım. Okuduklarımdan çok etkileniyor, çok şaşırıyorum, şimdiye kadar öğrendiğim ve önemsediğim değerler alt üst olduğunda ne olduğunu gösteriyor; Arnavutça bilmediği için dövülen yaşlı insanlar, anadilleri Sırpça olduğu için eziyet çeken Müslüman Slavları, Sırpları taşlamanın öğretildiği çocuklar, dövdükleri çocukları köprüden nehre atarken yakalanınca mazeret olarak rahatlıkla "Sırp oldukları için" diyebilen adamlar... İnsan nefretin bu kadarını düşünemiyor. Sırpların hareketleri o kadar sınırlanmış ki, uzak yerlerde can güvenlikleri olmadığından tarlalarını eskisi gibi ekemiyorlar ve dolayısıyla da ne para kazanabiliyor, ne de ürünlerini pazara götürebilseler bile satabiliyorlar. Arkadaşım Rebecca işte Peja'da böyle bir Sırp köyünde bu insanların bir otobüs bulup 15 km. ilerdeki Karadağ'a giderek ürünlerini satmalarını sağlamaya çalışıyor. Kendi kendilerine yetebilmeleri, insani yardıma bağımlılıklarının kalmaması için uğraşıyor. Bu önemli tabii de, bu arada Sırp ve diğer azınlıkların çocukları okula gidebilmek için KFOR eskortuna ihtiyaç duymaya devam edecekler. Daha iki gün önce Üsküp'e giderken iki KFOR tankının arasına dizilmiş beş arabalık bir konvoy gördüm. Evlerinin şimdiki haline bakmaya giden Sırplar'dı belki, ya da burada hastaneye kabul edilmedikleri için Sırbistan'daki hastanelere gitmek zorunda kalan hastalar. Hipokrat yemini eden bir doktor nasıl böyle bir şey yapar? Hastaneye KFOR eşliğinde gelseler bile hastane içinde güvenliklerinin olmadığını yazıyor raporlar. Olay bu kadar korkunç boyutta. Bizler bu insanların normal bir yaşama kavuşmasını sağlayamadıkça Kosova'da etnik çoğulculuğa dayalı bir toplumsal yapı oluşması olanaksız görünüyor...

28 Ağustos 2000

Bugün bilgisayarımla ilgili sorunumu çözmek için bana yardımcı olan Nikola'nın ağzından olayların Sırplar'a nasıl göründüğünü dinleme fırsatı buldum. İnsanlar bu konuda biz yabancılarla konuşmaya bayılıyorlar. Sanki onları kendi davalarının haklılığına inandırmak ister gibiler. Nikola'ya nereli olduğunu sordum. "Sırbistan" dedi. Bu bana gerçek Sırp Cumhuriyeti'ni hatırlattı, yani Karadağ, Kosova ve Voyvodina'nın dışındaki özbeöz Sırbistan. Bayağı şaşırdım tabii. Niye Belgrad gibi bir yerden bir Sırp kalksın, hele hele Kosova'ya, bu kadar nefret edildiği bir yere gelsin? Tam olarak nereli olduğunu sorduğumda ise "Priştine" dedi. Yani, Priştineli birinin "Buralıyım" demesi gerekmez mi, "Sırbistanlıyım"dan önce. Arnavutlar, "Kosovalı'yız" derler. Bence de Kosova özerkliğinin ya da özerk olması gerektiğinin altını çizmek için önce söylenmeli. Sanki politik bir amaç vardı Sırbistanlıyım demesinde. "Ben olsam buraya Sırbistan yerine Yugoslavya derdim" dedim. Aslında o bile Arnavutların hiç hoşuna gitmiyor. "Evet, ama burası Sırbistan" dedi. Bu hassas terminolojiyi daha fazla kurcalamamaya ve onu dinlemeye karar verdim.

Fazla göze batmamak için sadece belli yerlerde dolaşıyormuş ve kendi ülkesinde tanınmamak için İngilizce konuşmak tuhafına gidiyormuş. İngilizce konuşunca da hemen "Nerelisin?" sorusuyla karşılaşıyor insan. "Ukraynalıyım" diyormuş. Yani en azından İngilizce konuşurkenki Slav aksanını açıklıyor bu. Priştine'nin 5 km. dışında, kendilerine bomba atılmadıkça sakin olan insanların oturduğu bir yerde yaşıyormuş. Son bir hafta içinde basket oynayan Sırp çocuklarına yapılan iki el bombalı saldırıyı kastediyor. Bir ara savaş sırasında burada olduğundan bahsetti. Arnavutların zincirlenerek götürüldüğünü görmüş. "İkinci Dünya Savaşı'ndaki Yahudiler gibiydiler" dedi. Onun üzerine Belgrad'a gitmiş. Birlikte çalıştığı Arnavutların ona gayet düzgün davrandığından bahsetti. Yine de dikkat etmesini, Priştine'de onu tanıyanların çıkabileceğini söyledim. "Beni tanıyan Arnavutlar bana bir şey yapmaz" dedi. Evet, onlar bir şey yapmasa da yapabilecek Arnavutlar tanıdıklarına eminim. Endişelendim onun için. Mahmut'un Sırp asistanının başına gelenlerin, onun başına da gelmesinden korktum. Sırbistan'daki seçimlerin sonucunu bekleyip, Milosevic giderse kalmayı, gitmezse Amerika'ya (Kaliforniya) göçmeyi düşünüyor doktor sevgilisiyle. Bilgisayarlar konusunda gayet bilgili olduğu için Kaliforniya'nın tam kendisine göre olduğunu düşünüyor. Büyük bir evinin, havuzunun olmasını hayal ediyor. Ne diyebilirim ki? Burada korku dolu bir hayat yaşayarak kalmasını kim ondan bekleyebilir?

Ona Amerika'da her şeyin sandığı kadar iyi olmadığını anlatabilmek istiyorum ama o "Amerika'da nereli olduğunun önemi yok" diyor. "Evet, ama sadece beyazsan" demek istiyorum. Beyaz olduğu için onun açısından bir sorun yok. O büyük ev ve havuz için ne kadar çok çalışması gerektiğini, çalışmaktan başka bir hayatı olmayacağını, o havuza her an birinin düşme, boğulma ve dava açıp tazminat isteme riski nedeniyle havuzun tadını bile çıkaramayacağını söylemek istiyorum. Sadece "Ben olsam, Avustralya veya Yeni Zelanda'ya gitmeye çalışırdım, çünkü orada daha az göçmen var, daha çabuk vatandaş olabilirsin" demekle yetiniyorum. Akrabaları orada olduğu için Amerika'ya gitmek istiyor. Kendine güveniyor, çalışıp başaracağına inanıyor. birçok Amerikalı da oraya gitmesini söylüyormuş. Bense Amerika'nın yer yer ne kadar içi boş bir rüya olduğunu ve bir gün Amerika'ya gidip bütün bunları kendisi de anladığında ne kadar mutsuz olabileceğini bildiğim için üzülüyorum. Kısa vadede oraya gitmek onun için elbette iyi olacak. En azından can korkusu olmadan sokakta yürüyebilecek. İnşallah burada ölmeden gidebilir Amerika'ya. İnşallah başarır ve kararından pişmanlık duymaz. Vatanını terk ederek, başka bir ülkede her şeye yeniden başlamak zorunda kalan insanlara çok büyük sempati duyuyorum. Nikola buradaki seçimlerde oy kullanmayacağını söyledi. Ülkesinin işgal altındaymışçasına yönetilmesinin meşrulaştırılması olarak görüyor bu seçimi. Bu arada "işgalciler" de biz oluyoruz tabii.

Buraya geldiğimden beri etnik çatışmalar beni çok daha fazla ilgilendirmeye başladı. Burada olmak "tolerans" denilen şeyi öğrenmek açısından da ilginç. Dün akşam tanıştığım İngiliz bir adam, yapay bir kurum olduğu için Avrupa Birliği'nin de yakın bir zamanda çökebileceğinden bahsetti. Oysa ben Miloseviç giderse, Kosovalılar'ın Sırbistan'ın bir parçası olmaya şimdiye kadarki gibi karşı çıkmayabileceğini düşünüyorum. AB de önce bir ekonomik birlik, yani kendi başlarına dünya ölçeğindeki rekabet güçleri sınırlı olan devletlerin bir araya gelmesi olarak başlayıp, daha sonra siyasal birliğe yöneldi. AB ülkeleri gibi Yugoslavya'ya dahil cumhuriyetler de bunu başarabilirler. Sonuçta kendi başlarına ayakta durmak için çok küçük ve zayıflar. Birbirlerine ihtiyaçları var.

30 Ağustos 2000

Bugün Prizen'e gittim. Yol üstünde Malishevo'da durarak, bombalanmış LDK[15] bürosunun başkanıyla görüştük. Önce bir tercüman bulmak için Malishevo polis merkezine uğradık. Orada bir Türk polise rastladım. Birlikte çalıştığım Alman polis Hans'ın Türkiye hakkında çok şey bildiğini, casus olabileceğini buyurdu kendileri. Evet, birisi bir başka ülke hakkında çok şey biliyorsa, ancak casus olabilir zaten!

LDK'nın başkanı çok şeker bir tipti. Başka tehdit alıp almadığı yolundaki soruya, polise bildirmediğini söylediği bir olayı anlatarak cevap verdi. Bombalamadan sonra maskeli üç kişi "Sadece merhaba demeye geldik" diyerek evine gelmiş ve gitmişler. "Büroyu bombaladık, hala buradayız" gibisinden. Dediğine göre, adamların arasında aksanlarından Arnavutluklu olduğunu tahmin ettiği kişiler de varmış. Daha önce, tamamen mayınlı Arnavutluk-Kosova sınırındaki iki yasal geçiş noktasını kullanmadan, mayınların nerede olduğunu bilen ve bu sayede kanunsuz bir şekilde Kosova'ya giren ve çeşitli suçlar işleyerek ortadan kaybolan tiplerin olduğunu işitmiştim. Hans, adama Kosova'nın onun kendi ülkesi olduğunu, ancak onun katkısıyla düzeleceğini, kimliklerini biliyorsa suçluları polise bildirmesini söyledi. Ülkesine sadece kendisi gibilerinin yardım edebileceğini de ekledi. Adamcağız işbirliğine hazır olduğunu ama şüphe dışında bir delili olmadığını söyledi. O bürodan taşınmayarak, adaylıktan vazgeçmeyerek, hala mücadeleyi bırakmadığına ilişkin mesajı zaten verdiğini de ekledi. Sonuçta bize şüphelendiği bir isim veya siyasi parti adı vermedi. Çünkü korkuyor. Malishevo gibi ufak bir yerde, bizim onunla görüştüğümüz bile hemen duyulmuştur. Herkes aşırı milliyetçi PDK'lıların bunu yapmış olabileceğini düşünüyormuş. Savaşta, KLA ile Sırp ordusunun esir değişimi sırasında Sırplar tarafından serbest bırakılmış, yani hayatını KLA'ya ve bugün onun politik uzantısı olan PDK'ya borçlu biraz da.

Bu görüşmeden sonra Prizren'e gittik. Peja'da olduğu gibi içinden nehir geçen, eski, yeşil, dağlarla çevrili, sevimli bir yer. Herhalde Kosova'nın en sakin ve olaysız yeri. Türkler'in yoğun olarak yaşadığı bir yer olduğu için bir sürü iyi Türk lokantası var. Prizren, savaşta pek zarar görmemiş. Peja ile kıyaslanınca çok çok iyi durumda. AGİT bürosunda insan hakları, demokratikleşme ve siyasi partilerle ilgili kişilerle tanıştım. Onlara Komisyonu ve seçim süresince göreceği işlevleri anlattım. Sonra siyasi partilere, bizim Komisyonu anlatan on-on beş dakikalık bir sunum yaptım.

Kosova'daki diğer azınlıklara oranla Türkler kesinlikle çok iyi durumdalar. Diğer azınlıkların başlarına gelenler onların başına pek gelmiyor. Bunun sebebi Kosova'nın Türkiyeyle çok bağlantısı olması, çok iş yapılması. Hatta Prizren'de on beş kadar Türk sivil toplum örgütü ve bunları yöneten bir merkez bile var. Türkler ticarette ve esnaflıkta atak görünüyor. Demirel'in bir Dışişleri Heyeti ile buraya geldiğini öğrenmek şaşırtıcıydı. Bugün duyduklarımın yanı sıra, Üsküp'teki Türk dükkanlarıyla Ziraat Bankası şubesine kadar pek çok şeye bakınca gerçekten de Türkiye'nin Balkanlar'daki etkinliği şaşırtıcı görünüyor. Zaten mimariden pazarlardaki havaya Osmanlı kültür mirasını görmek mümkün.

Prizren dönüşü NATO tarafından bombalanmış köprülerden birinin başında kamp kurmuş Rus KFOR'unu da gördüm. Herkes onların Çeçenistan'a gönderilmek varken buraya gönderilmiş olmaktan dolayı mutlu olduklarını tahmin ediyor. Çoğu çok genç. Tanıştığım polisin anlattığına göre para için yapmayacakları yokmuş. Yasak olduğu halde akşamları sivil giyinip Rusya'dan gelen fahişelerle düşüp kalkıyorlarmış. Milletin dükkanından bir sürü şey çalıyorlarmış; votka, akü, falan. Bu arada Kosova'da başını alıp giden kanunsuz işlerin arasında en büyüğü kadın ticareti. birçok polis raporunda Moldova'dan, Romanya ve Rusya'dan Kosova mafyasınca getirilen kadınlara ilişkin çok şey öğreniyoruz. Hatta şu anda Avrupa'da bu ticaret tamamen Kosovalı Arnavutların ellerindeymiş.

31 Ağustos 2000

Bugün Seçmen Listesi'ne alınmadığı için Komisyonumuza temyiz başvurusu yapmış bir sürü insanın zarflarını gözden geçirdim. O kadar çok Yugoslav pasaportu, kimlik, evlilik ve doğum belgesi gördüm ki... Başkalarına ait pasaport, kimlik gibi şahsi eşyalara bakmanın tuhaf bir yanı var. Bir resim, bir doğum yeri, insanın içini eritiyor. Malishevo, Suva Reka, Podujevo, hep gittiğim yerler buralar. Oralardan bir sürü insan vardı ve çoğu da İsviçre ve Almanya başta olmak üzere çeşitli Avrupa ülkelerinden başvurmuştu.

Geçen gün asistanımız Alimir'e yurtdışına kaçak yoldan nasıl gidilebildiğini sordum. Onun da Sırp ordusunda askere alınmamak için İngiltere'ye kaçtığını biliyordum. Tabii ki bu işi yapan kanunsuz tipler varmış. "Veriyorsun 2000 Mark, önce Macaristan'a gidiyorsun. Orada 2-3 gün kalıyorsun, sonra yüzerek sınırı geçiyorsun" dedi. Sanırım bu Avusturya sınırı oluyor. O iğrenç, sanayi atıklı, leş Tuna'yı yüzerek, sırılsıklam bir yere varıyorsun. Üstün başın nasıl kuruyor, seni ıslak görenler şüphelenmiyor mu, ya kışsa, gibi sorular geliyor insanın aklına. Alimir de ilk kez 16 yaşındayken denemiş. Yakalanmış. Belgrad'a gönderilmiş. Annesi Sırp olduğu için çok iyi Sırpça konuşuyor. O sayede Sırp polisinden dayak yemekten kurtulmuş. Geçen gün Alimir bana Arnavutların Türkler hakkında söylediği bir lafı öğretti: "Türk millet, pis millet". Evin termosifonunu tamire gelen adam, çamurlu ayakkabılarla banyoya girince, ev sahibimin yanında adama, "Türk millet pis millet, haydi Arnavut millet pis millet" dedim. İkisi de güldüler ve termosifoncu ayakkabılarını çıkardı. Arnavutlar da bizim gibi eve girerken ayakkabılarını mutlaka çıkarıyorlar.

3 Eylül 2000

Dün akşamki partide güvenlikte görevli iki kişi vardı. Birisiyle dans ederken silahlı olduğunu fark ettim. "Senin silahın var" dediğimde, yine silahlı olan diğerini işaret ederek, "Onun da var, sakin ol" dedi. İnsan bir partiye niye silahla gelir ki? "İşim bu" dedi. Herhalde işi bu olduğuna göre, emniyeti de açmıştır inşallah, diye düşünmeden edemiyor insan. Geçen gün BM binasına giren üniformalı iki askerin uzun namlulu silahları vardı ve bidonlar ve kum torbalarının bulunduğu bir yerde silahlarını boşaltmalarına bizzat şahit olmuştum. BM binalarına silah dolu olarak girmek yasak olduğu için, "Clear your weapon here" (Burada silahlarınızı boşaltın) yazan mekanda boşaltılması gerekiyor silahların. Etrafta silahla dolaşan askerlerin silahlarının her an ateş etmeye hazır olduğunu anlamama ve iyice korkmama yol açtı bu. Zaten o iki asker de binadan çıkar çıkmaz yeniden doldurdular silahlarını.

4 Eylül 2000

Arçelik, Paşabahçe, İstikbal ve Kosova'da neredeyse en popüler bira olan Efes... Türkiye, Balkanlar'da Yugoslavya'nın çöküşüyle ortaya çıkan boşluğu Osmanlı kültür mirasının avantajıyla doldurmuş. Üstelik sadece saydığım bu markalar değil, sabun, zeytin, plastik torba, çocuk bezi gibi birçok mal da Türkiye'den geliyor. Türk olduğum için şimdiye kadar insanlardan hep sempati gördüm.

Dün akşam ev sahibim kirayı almaya geldiğinde oturup konuştuk biraz. Bana "Tüm bunlar Osmanlı'nın suçu" dedi. Çok utandım. Herhalde etrafta Türk mallarının olması ona başka şeyler hatırlatıyor. Yine de tatile Türkiye'ye gittiklerini söyledi. Söyledikleri arasında en ilginci Atatürk'ün, hatta Kenan Evren'in aslında Arnavut olduğuydu. Türkler'in Kızılderililer'in bile Türk olduğunu iddia etmeleri gibi, bu Arnavutlar da nalıncı keseri gibi hep kendilerine yontuyorlar.

Kime oy vereceğini sorduğumda "Rugova" dedi. Ben de Thaci'ye oy vermedikçe herkesin iyi olduğunu söyledim. "Thaci bir suçlu. Beş sene içinde onu da Lahey'deki mahkemede görürsen hiç şaşırma" dedi. Oldukça ilginç geldi bu laf. Sanılanın aksine Arnavutluk ile birleşmeye hiç meraklı değil Kosovalı Arnavutlar. Arnavutluk'taki rejimin tamamen suç örgütleriyle iç içe, yoz bir rejim olduğunu düşünüyorlar ki, doğru. Arnavutluk'tan Kosova'ya ne kadar suç ihraç edildiği düşünülürse... Miloseviç giderse Yugoslavya içinde kalarak Sırbistan ve Karadağ pazarlarından yararlanmanın onlar için bağımsızlıktan daha iyi olabileceğini söyleyince, "Evet, ama Sırpların Kosova'da Arnavutların çoğunlukta olduğunu ve bizim Sırpça değil, onların Arnavutça öğrenmesi gerektiğini anlaması ve bunu kabul etmesi lazım. Eğer bunu kabul etmeyeceklerse burada böyle yaşayamayız" dedi. Eskiden on Arnavut bir Sırp birlikte olduğunda anlaşabilmek için Sırpça konuşulurmuş, çünkü Sırplar Arnavutça bilmezmiş, Kosova'da Arnavutlar çoğunlukta olduğu halde. Haklı olduğunu söyledim.

Aynı mantık Türkiye'ye uygulandığında Kürtlerin çoğunlukta olduğu yerlerde resmi belgelerin iki dilde olması gerekir. Kürtlerin Kürtçe eğitim veren özel okullar, Kürtçe yayın yapan radyolar, televizyonlar kurması gerekir. Eski Yugoslav belgelerine bakıyorum da 8 dilde falan her şey. Ve buna Türkçe de dahil. Sonraki belgelerden Boşnakça-Hırvatça çıkmış. En azından Kosova'da Sırpça önce, Arnavutça sonra gelmiş. Cadde adları Sırpça'ya çevrilmiş. Ve saire. Ev sahibimin dediği kadarıyla ataları onlara 100 sene önce Sırplara güvenmemeleri gerektiğini söylemiş. Onlar güvenmişler ve ataları haklı çıkmış. Bu tür genellemeler beni çok rahatsız ediyor. Sanırım Sırplar'da da, Arnavutlar'da da, biz Türkler'de de olan "Tüm dünya bize karşı, kimse bizi anlamıyor" şeklindeki kurban mantığı işliyor.

5 Eylül 2000

Bugün yardımcımız Afrodita ile konuşuyorduk. Çok akıllı, fıstık, becerikli bir kadın. Diğer yardımcımız Alimir de öyle. İkisi de sadece yarı Arnavut ve belki de bu yüzden ikisi de Sırp-Arnavut ilişkileri konusunda gayet liberal. En iyi yerli elemanlarla çalıştığımızı düşünüyorum.

Yarı Karadağlı Afrodita savaş sırasında 3 ay Türkiye'de akrabalarının yanındaymış. Zaten tatile de Türkiye'ye gitti. Babası bombardıman sırasında mal, mülke sahip çıkmak için Priştine'de kalmış. Evlerinin bir köşesinde Sırp polisi, diğer köşesinde Arnavut gerillalar varmış. Evden çıkmadan gizli gizli yaşamış. Üç ay haber alamamışlar babasından. "Ben bir yere gitmem, öleceksem evimde, yurdumda ölmek istiyorum" demiş onları Türkiye'ye yollarken. Geri geldiklerinde adamcağızı hayli kilo vermiş ve tüm saçları beyazlamış bulmuşlar. Savaştan sonra zarar gören kahvelerini onarmış babası. Fakat onun liberal görüşlerini beğenmeyenler tarafından yakılmış kahve. "Sırplar varken bile söyledim fikirlerimi, şimdi de söylerim" diyormuş. Nasılsa tekrar yakarlar diye şimdilerde kahveye çok az onarım yapıyormuş. Durum biraz daha düzelene kadar fazla para harcamak istemiyormuş. Durum düzelecek mi, işte soru bu. Tercümanlardan Valentina, "Bu ülkenin geleceği yok" dedi. Ama elbette Houston, Teksas'ta yaşayarak böyle konuşması kolay. Kendinden 15 yaş büyük bir Amerikalı ile evlenmiş, Amerikan vatandaşı olmuş. Daha 22 yaşında ve Rice'a gidiyor. Amerika'yı materyalist bulduğunu söyledi bizim Komisyonun Alman hakimine. Hakimlerin bazı kararlarına inanamadığını söyledi. ABD'de hakimlerin politikadan pek uzak olmadıklarına işaret ettim ben de. Seçiliyorlar çünkü. Alman hakimimiz de, "O zaman Almanya'ya gelmelisin" demez mi! Sanki Almanya yabancıları ülkesine alıp, onları kendi vatandaşı yapmada en ırkçı ve tutucu davranan ülke değilmiş gibi.

7 Eylül 2000

Bugün Priştine sırtlarında bir varoşa gittik. Savaş nedeniyle Priştine'ye göçen birçok insan sefalet içinde oraya yığılmış. İnanılmaz bir fakirlik. Biz hiç de şık olmayan kıyafetlerimizle uzaydan gelmiş gibi olduk. Bir başka bakıyordu bize insanlar. Çoğunun ortak özelliği dişlerinin dökülmesi ve işsiz olmalarıydı. Her yer çamur içindeydi ve bir adresi bulmanın imkanı yoktu. Aradığımız ilk yeri bulmamız bir saati aldı. Meğer o yörede cadde adları ve numaralar son beş yılda birçok kez değiştirilmiş. 229 numarayı arıyorduk. Birden fazla 229 numara vardı. En sonunda World Food Programme'den aldıkları gıdayı oradakilere dağıtan 'Mother Theresa' isimli bir sivil toplum örgütünden bir adam bulduk. Orada çalıştıkları için herkesi tanıyordu. Onun sayesinde sorun çözüldü. İki kişinin orada yaşayıp yaşamadığını saptamaya çalışıyorduk. Aksi takdirde belgeleri olmadığı için onları seçmen listesine alamayacaktık. Sonuçta ikisinin de akrabalarını bulduk ve ikisi de oy verebilecek.

İşimiz bitince telsizle bizi alması için bir şoför çağırdık. Gelen Ertan isimli Kosovalı bir Türk'tü. Ailesi İzmir'e yerleşmiş, Türk vatandaşlığına yeni geçmiş. Türkiye'de iş bulmakta zorluk çektiği için buraya geri gelmiş ve AGİT'te şoförlük yapıyor. Aslında beden terbiyesi mezunu. Uludağ'da kayak hocalığı yapmayı düşünüyor. Burada insan o kadar çok hikayeyle karşılaşıyor ki. Hepsinin ayrı iç buran bir yanı var. Şehre göçmek zorunda kalmış, yabancıların yardımına muhtaç insanlara mı üzüleceksin, Türkiye'ye göçüp iş bulmakta zorlanarak tekrar buralara gelip şoförlük yapan Ertan'a mı?

Bugün Seçmen Listesi'ne alınmamışların durumunu belirlemek için Komisyon ilk defa toplandı. Üç Kosovalı hakimle, onların kararlarını veto hakkına sahip bir Alman hakim ve Komisyonun hukuk danışmanları olarak da biz. Toplantı ilginç geçti.

Statülerini ispatlayamayan insanlara Kosovalılar'ın bakışıyla bizimki çok farklıydı. Elbette bizim Kosova'da olanları tam olarak anlamamız/bilmemiz imkansız. O yüzden onlar ellerinde belgesi olmadığı için durumunu ispatlayamayan, dolayısıyla seçmen listesine alınmaması yönünde görüş bildirdiğimiz birçok kişinin listeye alınması gerektiğini savundular.

9 Eylül 2000

Dün Komisyon toplantısından sonra patronumla ilginç bir konuşma geçti aramızda. Komisyondaki Kosovalılar'ın kararını onaylamadığım halde, birlikte çalışmamız gerektiğini ve onların ülkesine gelip neyi nasıl yapmaları gerektiğini empoze eder duruma düşmenin hoş olmayacağını, bu nedenle kararlarına ses çıkarmamamız gerektiğini söyledim. Bu bana bazen yeni bir tür kolonyalizm gibi geliyor. Jeff ise bana itiraz ederek, onlardan daha iyi bildiğimiz için burada olduğumuzu, kendisinin Hırvatistan ve Bosna'da Yugoslav eğitimi almış avukatlar/hukukçularla çalışmış olduğunu ve hukuk nosyonu adına hiçbir şeye sahip olmadıklarını söyledi. Hukuk devleti ilkelerine göre değil, parti talimatıyla yürürmüş her şey.

Sonra Kosova'dan ne kadar bıktığını, nefret ettiğini, bir an önce işini bitirip, ABD'ye dönmek için can attığını söyledi. Ben de beş yıldır Balkanlar'da bulunmanın onu yormuş olabileceğini söyledim. "Balkanlar'daki en kötü yer burası, en azından Bosna ve Hırvatistan'da insanlar Sırpları geri istediklerini söylüyorlardı, burada onları geri istemeyi bırak, haklarında iyi bir şey söyleyen bir tek kişiyle karşılaşmadım. Hepsinin ilk işi, NATO ve BM gelince, geride kalan tüm Sırpları yaşına, başına bakmadan tecavüz edip, öldürmek oldu. Kimse de sesini çıkartmadı. Bu kadar yüzlerine tükürülesi insanlar bunlar, başlarına gelen her şeyi de hak ediyorlar" diye kükredi. Sinir, yorgunluk, bıkkınlık... Ben de korktukları için karşı çıkamadıklarını söyledim. Kendilerini koruyacak bir devlet, bir sistem olmadıkça nasıl karşı çıksınlar ki? Ayrıca Alimir ile Afrodita'nın öyle düşünmediğini, ev sahibimin bile Arnavutça'nın egemenliğini kabul etmeleri şartıyla Sırpların burada kalması gerektiğine inandığını söyledim. "Alimir tabii ki öyle düşünecek, annesi Sırp, Dita'nın da ailesi Karadağ kökenli. Alimir'in kız kardeşi iyi Arnavutça bilmediği için burada oturamıyor bile, Sırplarla/Slavlarla çevrili bir coğrafyada Sırpça öğrenmemek kendini izole etmekten başka nedir, ayrıca burası daha hala Sırbistan" diye yanıtladı. O anda ne desem yatışmayacağını anladım.

Dün akşam birlikte çalıştığımız herkesle dışarı çıktık. Yine Alimir ve Dita'dan inanılmaz hikayeler dinledim. Alimir'e bir kez daha hayran oldum. Beş yıl önce babası ölmüş, annesi yaşlı ve çalışamayacak durumdaymış. Bunun üzerine bizimki 16 yaşında sokakta sigara satmaya başlamış. İyi bir kazanç kapısıymış. Bir sürü insan tanımış bu sayede. Sırp polisi bazen gelip bir yerde içtikleri biraların hesabını ödemesini yoksa sattığı sigaraları elinden alacaklarını söylüyormuş. O da ödüyormuş tabii.

Savaştan önce CNN mi ne, bir yabancı kanal onunla sokakta röportaj yapmış. O da, her şeyi olduğu gibi söylemiş. Yani 5 dakikada bir, bir kontrol noktasından geçmeden bir yerden bir yere gidilemediğini, annesi Sırp babası Arnavut olduğu için de görüşünün tarafsız kabul edilebileceğini belirtmiş. Bu röportaj CNN'de defalarca gösterilmiş ve TV'de çalışan Sırp komşusu Alimir'i polise ihbar etmiş. Polis eve gelip onu götürmeye çalışmış ama o kaçmış önceden. Bu, Economist'e kapak olan İranlı öğrenci çocuğun başına gelenlere çok benziyor. Bir süre Belgrad'a gidip saklanması gerekmiş. Sanırım askere alınmamak için de bir defasında Belgrad'daki annesinin akrabalarının yanına gitmiş. Olay çok saçma. Yani Belgrad'ın Kosova'dan daha güvenli olması. Bu arada Zoran ismini kullanmış. Savaş ertesi BM'de bir iş bulabilmek için bir ay boyunca her gün merkez büronun kapısında beklemiş. Her gün kapıdakilere iş olup olmadığını soruyormuş. Cevap hep hayırmış. Sonunda bir gün iş bulmuş. Bu yaşta bunca mücadele yapan bu çocuğa hayranlık duymamak mümkün değil.

Dita'nin anlattığına göre 1991'de babası devletteki işinden kovuluncaya kadar durumları gayet iyiymiş. Babasının ayrıca iki de cafÈsi varmış. 91'le birlikte her gece dışarı çıkmalar vs. bitmiş. Babası onların eskisi gibi yaşamalarını istiyor ve sabah altıdan gece yarılarına kadar çalışıp para getiriyormuş. Fakat durgunluk nedeniyle hiçbir şekilde cafeleri de iş yapmadığı için adamcağızın zorlukla kazandığı parayı harcayamamışlar elbet. Dışarı çıkmalar haftada bire inmiş ve ancak 93 sonrası ortalık biraz düzelmiş.

Savaştan önce AGİT Kosova'da bir misyon kurmuş, Sırpların Rambouillet Anlaşması ile sözde kabul ettikleri geri çekilmenin nasıl yürüdüğünü gözlemlemek için. Orada çalışmak büyük sorunmuş. Bir yerden bir yere yüz metrede bir polis kontrolü ve bin bir soruyla gidiliyormuş. Polis bir gece Dita'yı bu misyondan birileriyle aynı arabada yakalamış ve sadece daha önceden tanıdığı için gitmesine izin vermiş. Bir dahaki sefere kimlerle dolaştığına dikkat etmesi nasihatini de ekleyerek elbette.

Dün akşam en son gittiğimiz barda Ari isimli yarı Arnavut, yarı Sloven bir çocukla tanıştım. Hiçbir kötü niyetim olmadan Kosova'nın Yugoslavya içinde kalmasının ekonomik açıdan Kosova'nın yararına olabileceğini söyledim ve çocuk çıldırdı. Bu mümkün değilmiş, çünkü ülkenin adı bile uygun değilmiş. (Yugoslavya, "Güney Slavlar'ın ülkesi" gibi bir anlama geliyor sanırım.) Slavlar'dan bahsediyormuş. Halbuki Arnavutlar Slav değilmiş. Ben de Avrupa'nın bile ekonomik nedenlerle AB'yi kurduğunu, aynı şeyin onlar için de geçerli olabileceğini söyledim. Bunun üzerine olaya ütopik ve tipik bir BM açısıyla baktığımı söyleyerek beni suçladı. Onların artık Sırbistan'ın parçası olması imkansızmış. Hatta bu seçimlerde Miloseviç'in iktidarda kalması onlar için daha iyiymiş. Artık eskiye dönülemezmiş ve biz yabancılar bunu bir türlü anlayamıyormuşuz. Ben de Kosovalı Sırpların da Kosova'yı vatan bildiklerini, rahatça, öldürülme korkusu olmadan geri gelebilmeleri ve orada yaşayabilmeleri gerektiğini söyledim. "Tabii ben de istiyorum geri gelmelerini, onlar için en büyük ceza geri gelip bizimle eşit olmak olacak. Sırf o nedenle gelmelerini istiyorum" dedi.

Tanımadığım insanlarla politika konuşmama kuralını çiğnediğim için işin bu noktalara kadar gelmesinden rahatsız oldum. Ari sinirlendiği için sonra benden özür diledi ama bir kez tedirgin olmuştum. O noktadan sonra dönüş olmadı ve muhabbeti kurtaramadık. Söylediği en ilginç şeylerden biri Miloseviç'in iktidarda kalmasının aslında onlar için daha iyi olduğuydu. Kosova o zaman bağımsız olabilirmiş veya Yugoslavya'dan ayrılması daha kolay onay bulabilirmiş. Arnavutluk ile birleşebileceklerini söyledi. Bense bunun pek iyi bir fikir olmadığını, o ülkenin mafya ve yolsuzluklar cenneti olduğunu söyledim. "Amerika da bir zamanlar 'Vahşi Batı' idi" dedi.

16 Eylül 2000

İnanılmaz derecede yoğun geçti bu hafta. Seçmen Listesi'ne alınmadığı için temyiz başvurusunda bulunan beş bin kişinin başvurularını inceliyoruz. Bunun için Komisyonumuz şimdiye kadar üç kez toplandı. Jeff'in dediği gibi komünist sistemlerde hukuk devleti nosyonunun olmadığını böylece ben de anladım.

Bir idari mahkeme olduğumuz, yetki alanımız çok dar ve uymamız gereken kanun hükümleri çok açık olarak belli bir şekilde hareket etmemizi gerektirdiği halde, bunu Kosovalı hakimlere anlatmakta oldukça zorlandık.

Kosova'nın gerçek anlamda ilk özgür, bağımsız ve demokratik seçimi olması nedeniyle, yerel seçim olmasına rağmen, bu seçim onlar için çok önemli. Parlamento seçimleri kadar önem veriyorlar. O yüzden normalde her belediye seçiminde aranan, o belediye sınırında ikamet şartını, kesinlikle anlayamıyorlar. Çeşitli kereler, o belediye sınırlarında halen ikamet etmediği halde, sırf Sırpların zulmüne meşruiyet kazandırılmasını önlemek için, savaş başlamadan hemen önce Kosova'dan ayrılan ve hala da geri dönmemiş kişilere yurtdışından seçme hakkı verilmesinin ne kadar büyük bir ayrıcalık olduğunu anlattık. Bu hakka sahip olabilmenin tek şartı ilgili kişinin, Kosova'dan ayrılmadan önce, hangi belediye sınırları içinde ikamet ettiyse bunu herhangi bir belgeyle ispat etmesi gerekiyordu. Yani çok da anormal değil. 1989'dan savaşa kadar birçok insanın Kosova'dan ayrıldığı göz önünde tutulursa, savaş nedeniyle değil de mesela ekonomik bir nedenle Kosova'dan ayrılmış birine oy hakkı vermemek için bunu yapmak zorundaydık.

Fakat komünizmde her şeyi kılıfına uydurma politikasına alışıldığından olsa gerek, çok zorlandık. Belediyesine yurtdışından yirmi bin Alman Markı yollasa da, orada ikamet etmedikçe oy kullanamayacağını o parayı veren kişiye nasıl anlatacaklarını sordular. Biz de aksinin kabulünün kişinin oy verme hakkını satın alması olacağını söyledik. Bunun üzerine, kendileri listeye alınma yönünde karar verdikleri halde, Alman hakimin vetosuyla liste dışına çıkarılan kişilerin isimlerini istediler. Böyle bir liste, kendilerini savunabilmeleri, hatta durumu açıklamaları için gerekliymiş. Biz de politikacı değil, hukukçu olduğumuzu, kararlarımızı kişilerin arzularına göre değil, hukuka göre verdiğimizi, kimseye hesap vermeyeceğimizi, öyle bir listenin de kişisel bilgilerin korunmasına ilişkin kurallar uyarınca kendilerine verilemeyeceğini söyledik. Bayağı tartışmak zorunda kaldık. Komisyonumuzun misyonunun, Kosova'nın başına şimdiye kadar gelmiş bütün kötülükleri düzeltmek olmadığını anlatmak kolay değildi.

Bu tartışmalar sonunda beni biraz "cadı" bulan Kosova Türkü hakim, böyle gidersem Kosova'da bir koca bulamayacağımı, ancak Türkiye'de bulabileceğimi söyledi. Anlaşamasak da, yine de beni sevdiğini biliyordum. Sonuçta iki taraf da iş ilişkisinin dışındaki zamanlarda çok düzgün davranıyor. Pejalı hakim bizi oğlunun konserine çağırdı örneğin. Biz de tüm kadro gittik. İlk defa içim Kosova'da bir şeylerin düzeleceğine ilişkin ümitle doldu. Bir Katolik kilisesinde çok hoş bir caz düetiydi. Piyano ve gitar. Al di Meola ayarı. Peja'ya kadar iki saatlik bozuk yolu göze almamıza değdi. Kosova'da ilk kez medeni bir ortamda bir şeyler dinledik.

Dün akşam da iki kişinin doğum gününün kutlandığı bir yerde hoş bir yemek yendi. Patronum Jeff benimle ilk tanıştığında Türk bir deniz hukuku avukatının kendine yardım edebileceği hususunda kuşkuları olduğunu ama benden çok memnun kaldığını ve gitmemi istemediğini söyledi. Ben de zaten kalmak istiyorum ama bunları duymak yine de hoş. Sanırım Komisyondaki Kosovalı hakimlerin saçmalıklarına karşı kendisiyle birlikte taviz vermez tavrımı beğendi.

Dün akşamın sonunda herkesin ısrarıyla kendimi masaların tepesinde oynarken buldum. Sonra Arnavut bir oğlan da benimle dans etmeye başladı. Böyle oynamayı bilen Balkanlı bir erkekle dans etmek çok hoş. Hayatta daha coşkulu bir şey olamaz. Sonra benim bölgesel avantajımı kullandığımı ve başkalarına fırsat kalmadığını söyleyenler, müziği değiştirttiler. Ne yapayım Balkanlar'ın bir parçası olan bir ülkeden geliyorsam?

17 Eylül 2000

AGİT tarafından hazırlanmış iki ciltlik insan hakları gözlemlerini okudum. İlk cilt Rambouillet Anlaşması sonrasında Sırpların Kosova'dan tüm güçlerini çekeceklerine söz vermeleri üzerine, bu çekilmenin nasıl gerçekleştiğini izlemek için gelen AGİT gözlemcilerinin raporuydu. İkincisi ise AGİT Misyonu'nun Sırpların çekilmediğini tespit etmesi ve durumun giderek daha da kötüleşmesiyle birlikte Misyon'un Kosova'dan ayrılması sonucu girilen süreçte, NATO bombardımanı ve bu bombardımanın ardından UNMIK'ın gelmesi ve daha sonra olanları kapsıyordu.

Öncelikle şunu söylemeli ki, burada kaldıkça, olanları görüp duydukça, bir ülkeye geçici bir süre için giden yabancıların yapabileceklerinin çok sınırlı olduğuna inanıyorum. Her şey sonunda yine o ülkenin insanlarında bitiyor. Her şey silaha başvurmadan, uzun sürse de hukuki yollardan, yani rakiplerin çoğu zaman başvurduğu anti-demokratik yollara başvurmadan, hukuki savaşımlardan geçiyor. Çünkü ancak çok uğraşılmış mücadelelerle elde edilen kazanımlar kalıcı oluyor.

İlk cilt Bosna Savaşı'nın 95'te bitmesiyle Sırpların bir süre toparlanıp, uzun zamandır kaynayan Kosova'ya 98 başında büyük çapta ordu ve polis güçlerini sokarak denetimlerini yoğunlaştırmasıyla başlıyor. Racak Köyü'nde 45 kişinin katliamıyla sorun uluslararası kamuoyunun gündemine geliyor ve aslında işin, Sırpların iddia ettiği gibi sadece KLA'yı, yani ayrılıkçı teröristleri hedef almadığı, sivillere yönelik bir kampanyayı da içerdiği anlaşılıyor. Bu aylarda ve sonrasında sürekli tekrarlanan bir takım şablon hareketler, bu saldırının çok önceden sistematik bir şekilde planlanmış olduğunu ortaya koyuyor. Ne bunlar örneğin? Askerlik yaşındaki delikanlıların ve güzel genç kızların tecavüz için hedef alınması; bazen iş bittikten sonra geri getirilmeleri, bazen ise bir daha asla bulunamamaları... Köyler basıldığında kadınlarla çocukların erkeklerden ayrılması, özellikle genç erkeklerin ama genelde yaşlı-sakat herkesin öldürülebilecek olması... Evlerin yakılması, sivillere, özellikle terörist olduğundan şüphelenilenlere, çeşitli işkenceler yapılması...

AGİT Kosova'dan ayrıldıktan sonra Üsküp'e taşınmış ve NATO bombardımanı ertesi başlayan yoğun göç ettirme politikasını oradan izlemeye başlamış. Binlerce göçmenle konuşulmuş. Özellikle bombardımandan sonra her şeyin nasıl vahşete dönüşüp, kitlesel göçlerin başlatıldığı, kilometrelerce süren insan konvoylarına katılan insanların başına o konvoya gelene kadar ya da o konvoydaki yürüyüş sırasında neler geldiği bir bir anlatılıyor. Köyleri basılan, evlerine dönememeleri için evleri yakılan, güvenlik nedeniyle veya yiyecek bulmak için o köyden bu köye dolaşan bir sürü insan... Bazılarıysa dağlarda yaşamak zorunda kalmış. Alimir de bir keresinde yeğeninin dağda doğduğundan bahsetmişti. Kosova'dan ayrılmak, sınıra gitmek için uğraşanlardan bunu ilk defasında başaranlar olduğu gibi, o köyden bu şehre yollanan, yürüyen, trene binen, sonra geri gönderilen bir sürü insan da olmuş. Konvoylara eşlik etmiş zaman zaman Sırplar. Bunu kimi zaman sivillerin arasına karışıp kendilerini NATO bombardımanından korumak için yapmışlar. Genelde NATO'ya duyulan öfkenin Arnavutlar'dan çıktığı kesin. Hastaneye alınmayan Arnavutlar'a tedavi için NATO'ya gitmeleri söylenmiş çoğu kez. Teröristlerin orada tedavi edilmediği de eklenmiş elbette.

Hiçbir grup zulümden kurtulmamış derken hamile kadınlara yapılanlar da korkunç. Kosova'nın nüfusunun yüzde 90'ı her zaman Arnavut ve Arnavutların üreme hızı Sırpların çok üzerinde olmasına rağmen Sırplar bu duruma da kuşkuyla yaklaşmışlar. Özellikle nüfus artış hızındaki yüksekliği Arnavutların büyük kırsal aile geleneğiyle açıklamaktan çok Kosova'daki Sırpların sayısını azaltmak için yapılan bir komplo olarak algılamışlar. Böylece bu komplonun aracı ve bir tür simgesi olarak görülen hamile kadınlar tecavüze uğramış, bebekleri ölü doğmuş. Kadınlara uyuşturucular verilmiş. Hatta Sırp bebekler doğurarak artık Arnavut olamayacakları söylenerek bir nevi etnik kimliklerine de tecavüz edilmiş. Bir olay özellikle kayda değer; bebeğinin nasıl olduğu sorusuna "İyi" cevabını alan polis, anneye sütünün iyi olup olmadığını sorar, yine "İyi" cevabına nedense sinirlenir ve kadının göğsünü keser.

Bu ve bunun gibi inanılmaz vahşet dolu pek çok hikaye var. Bu koşullarda işkence ve dayak, keyfi tutuklama ertesi yaşanan olağan olaylar olarak görülüyor. Elbette KLA da bunların aynısını Sırplara ve onlara yardım ettiğinden şüphelenilen Arnavutlara, ya da en basitinden Sırplar'la iyi ilişkide bulunanlara yapıyor. Ama her şey rağmen hiçbir zaman Sırpların yaptıklarıyla kıyaslanacak kadar değil tabii.

Ancak BM'nin gelmesiyle olaylar tamamen tersine dönüyor ve bu sefer aynı tür olaylar Kosova'daki azınlıkların, ama özellikle Sırplar'la Romanlar'ın başına gelmeye başlıyor. Bu bakımdan ikinci cilt oldukça çarpıcı. Örneğin Gdjilane savaş sırasında sakin, neredeyse hiç hasar olmayan bir yerken, BM'nin gelişiyle birlikte şehirde 2-3 hafta içinde yüzlerce ev yakılıyor. Sanki savaş bitmemiş, KLA'nın silahlarını teslim etmesi gerekmiyormuş gibi birbiri ardına cinayetler başlıyor. Çoğunda cesetler yok. Faillerin bulunmaması ve cezalandırılmaması tabii ki bu tür olayları teşvik edici bir rol oynuyor. Vahşet daha da artıyor. Sonuçta Kosova'da Arnavutların da fırsat ellerine geçtiği anda Sırpların kendilerine yaptığının aynısını yapmakta ne kadar başarılı olduğu görülüyor. Üstelik çok kısa bir süre önce kendileri de böyle bir ortama maruz kalıp, bunun ne denli korkunç bir şey olduğunu gayet iyi bildikleri halde...

Böylece aynı Sırp polisinin bir köyü basıp, köylülere Kosova'yı terk etmek için 5 dakika vermesi ve insanların hayatları boyunca yaşadıkları, doğup büyüdükleri yerleri ve sahip oldukları her şeyi bir anda kaybetmeleri gibi, Sırplara da KLA tarafından Kosova'yı terk etme talimatı veriliyor. Tehdit telefonlarıyla başlayarak, fiilen kapıya dayanıp, evleri boşalttıran tipler ortaya çıkıyor. Komşularının evini ya da kendini korumaya çalışan Arnavutlar da çeşitli tehditlere uğruyor. Geride yaşlı, gidemeyecek durumda Sırpların kalması da yetmiyor. KFOR'un koruması kalktığı anda bu insanlar da yaşlarına ve durumlarına rağmen ölmeye ve evlerinin yakılmasına mahkumlar. Bu durumun onlara hastaneye gitmekten çalışmaya kadar hiçbir hareket kabiliyeti ve sonuçta para kazanma ve yaşama imkanı bırakmadığı da ortada...

Prizren'de bir sivil toplum örgütüyle çalışan bir Türk'le de tanıştım. Benim Türk olduğumu duymuş sanırım bir yerden. O gelip beni buldu. Birlikte yemek yedik. Tipik Türkiye'nin bölünme paranoyasına sahip, AB'ye karşı, ailesi de Kuvay-ı Milliyeci bir milliyetçi. Bu güruhtaki her şeyin arkasında bir komplo arama zihniyeti ilk defa çok tehlikeli bir şey olarak gözüktü bana. Çünkü olayların gerçek yönünü görmeyi engelleyen bir şey bu. Çok dar ve kör bir şey. Dr. Koucher'in[2] iyi niyetli biri olmadığını söyleyince, onun gibi Fransa'da yıllarca Sağlık Bakanlığı yapmış ve en önemlisi Medecins Sans Frontieres(MSF)[3] gibi Nobel Barış Ödülü almış bir sivil toplum örgütünün kurucusuna böyle bir suçlama yönlendirmenin ağır olduğunu söyledim. Bana MSF'nin Kuzey Irak'taki halka doktorluk yapmak dışında, PKK'ya da doktorluk yaptığını söyledi. Elbette bunu onaylamıyor. Bense, Hipokrat yemini eden bir doktorun karşısındaki insanın dini, etnik ya da başka bir özelliği dolayısıyla onu tedavi etmeyi reddedemeyeceğini söyledim. Bunun üzerine konuşulması bile bana saçma geliyor. Hatta Arnavutları tedavi etmeyi reddeden Sırplar bunu yapmadığında kızmıyor muyuz? Bu tu-

tum hastanın öncē milliyetini esas alıyor ve insan olduğunu unutuyor. Yine aynı AGİT raporlarında insanlar sadece Sırp olduğu için işten atılıp yerine başarısız, bilgisiz fakat sadık Arnavutların getirilmesi de yer alıyordu. İşin tuhaf yanı işten atılan kişinin işe yaraması, o yörede o işin nasıl yapıldığını bilen tek kişi olması hiç önemli değil. Önemli olan onun Sırp olması ve bunun da işten atılması ya da başına daha kötü şeyler gelmesi için yeterli görülmesi...

23 Eylül 2000

Yugoslavya'nın parçalanmasıyla ilgili okuduğum bir kitabı yeni bitirdim. Çok ilginçti. Kısmen hatırladığım ama çok da fazla anlayıp takip edemediğim bir olaydı o yıllarda. Oysa şimdi Slovenya, Hırvatistan, Sırbistan, Bosna, Kosova hepsini biliyorum. Slovenya'nın Sırp azınlığa sahip olmadığı için kolayca Yugoslavya'dan ayrılıp yoluna devam etmiş olduğunu öğrendim. Ama içinde Sırpların azınlık olarak yaşadığı Hırvatistan, Bosna ve şimdi de Kosova gibi yerlerde işler hiç de öyle kolay olmuyor. Miloseviç'in iktidarda kalmak için milliyetçilik propagandası yapması, her kartı oynaması ama kaybetmemesi Sırbistan için çok yazık. Etnik nefret ve ayrımcılığı bu üç ülkede körükleyip, ondan sonra da o Sırpları terk etmesi ise en inanılmaz olanı. Büyük Sırbistan...

Tipik otokratik bir düzende, bağımsız bir medyanın olmadığı, o yüzden muhalefete sesini duyurma imkanı vermeyen, halkın tek taraflı ve çoğu zaman yanlış bir sürü fikirle beslendiği ve sonuçta geçmişine endekslenmiş, yanlış bilgilendirilmiş, tüm dünyanın kendisine karşı olduğuna inanan bir kuşak var ortada. Türkiye ile birçok ortak yönü var ama yine de Türkiye'nin çok yol kat etmiş olduğu ortada. Hatta bulunduğu yer, nüfus ve yüzölçümü bakımından Türkiye çok daha kötü durumda olmasına rağmen, Türkiye'nin geleceği daha umut dolu görünüyor. Türkiye'nin ekonomik açıdan kendine gelmesinin birçok iyi şeyin habercisi olacağına eminim.

Burada öğrendiğim şeylerden biri de toplumsal gelişimin ne kadar uzun sürdüğü oldu. Özellikle genç toplumlarda bu sürenin uzaması bir bakıma infial yaratıyor. Zira gençliğin en büyük dezavantajı, kendimden de bildiğim üzere, sabırsızlığı. Kosova'da da LDK ve Rugova'nın pasifist politikalarının ülkeyi savaşa sürüklediğine inanan gençler, PDK ve AAK[4] gibi eski KLA takımından olanlara yakınlık gösteriyor.

Komisyon birkaç partiye uyarı kararı gönderdi. Diğer seçim yasası ihlalleri için de cevap bekliyor. Eğer 48 saat içinde cevap gelmezse, ilk ceza kesen kararlar tebliğ edilecek ve ondan sonra hepimiz korumayla gezmeye başlayabiliriz. Belki de doğru zamanda çıkıyorum tatile.

8 Ekim 2000

Bu haftanın en ilginç olayı herhalde Belgrad'daki 'Kadife' devrimdi. Çok coşkulu görüntülerdi. Her ne kadar iş başına gelen de milliyetçi biri olsa da aynı zamanda demokrat biri. İlk işi AGİT'in casusluk gibi tamamen uyduruk bir suçla tutuklanmış iki elemanını serbest bırakmak oldu ki, bu, iyi bir işaret. Ayrıca demokratik ve normal bir Sırbistan hem bölge ülkeleri hem de Kosova için çok önemli. Eğer Sırbistan'da hapiste bulunan Kosovalılar için de benzer bir karar alınarak serbest bırakılacak olurlarsa Kosova'nın Sırbistan'a ve onlarla birlikte bir hayata bakışları değişebilir. Bu da Kosova'nın bağımsızlığının hayata geçmesini engeller. Tabii bu konu hayli karışık. Birlikte yaşamak istemeyen insanları zorla bir arada tutmaya çalışmak da ne kadar gerçekçi? Türkiye'deki Kürt sorununun buradaki sorunlardan en önemli farkı belki de bu. Türkiye'deki Kürtlerin ayrı bir devlet fikrine çok da sıcak bakmamaları buradakinden daha başka bir tabloyu ortaya çıkarıyor.

Diğer taraftan Kosova demokratikleşme ve normalleşme yolunda ilerlerse bağımsızlık şansı artar. Aksi olursa Sırbistan içinde kalır. Çünkü ayrılmasını yabancılar desteklemez. Bu da küçük ve güçsüz ülkelerin yabancılar olmadan pek de bir şey yapamayacaklarının kanıtıdır. İkinci bir savaş olamayacağına göre Arnavutların biraz gerçekçi olması lazım. BM buraya geldiğinden beri Yugoslavya'dan ayrıldıklarını zannediyorlar. Ama olayın iç yüzü öyle değil. BM Güvenlik Konseyi'nin aldığı kararla Kosova'ya barış gücü gönderilirken, kararın metninde Kosova'nın halen Yugoslavya'nın bir parçası olduğu maddesi gayet açık. Ama genelde inanılmaz inatçı ve fevri bir millet olan Arnavutlara bunu anlatmak kolay olur mu, bilinmez.

Komisyon ilk kez aday listesinden çıkarma cezası vermeyi düşündüğü bir kişiyi huzuruna çağırıp, kendini savunma fırsatı verdi. Aleyhindeki delilleri toplayıp, şikayeti yapmış olan Amerikan KFOR'u da duruşmada hazır bulundu. Kosovalı hakimlerden birinin her şeyi mahvettiğini dehşetle izlemek zorunda kaldık. Komisyon Başkanı Alman hakim olaya yeterince müdahale edemedi ve Kosovalı hakim "sanık"ın avukatlığını yapmaya ve en büyük yardımcımız KFOR'u da neredeyse yalancılıkla itham etmeye başladı. Gerçek bir şoktu. Bir an için kimi suçladığımızı düşündüm. KFOR'u mu yoksa suç hanesi oldukça kabarık olan sanığı mı? Tam bir rezaletti ve Komisyon içindeki bölünmeyi bütün dünyaya gösterdiği için ayrı bir utanç vesilesi olmuştu. Herhalde bundan sonra KFOR'dan yardım beklemek hayal olacak.

Cuma akşamki partime Alman hakim ve Jeff bodyguardları ile geldi. Tuhaf bir durum. Konuklarımın koruması var. Hakimin korumalarını içeri çağırdım ama gelmediler. Jeff'in koruması geldi. Şeker bir herif. İçki içmedi. Görev başında, sabahın 3'ünde. İnsan düşünmüyor fazla ama herkes içip coşarken, onlar korudukları adamı düşünüyor meyve suyu içerek. Alman hakimin koruması olduğunu karısı bilmiyormuş. Zavallı adamcağız. Mutlu, huzurlu, emekli bir hakim olarak Almanya'da otururken, bir anda kendini böyle kaotik bir ortamda buluvermiş.

12 Ekim 2000

İki gün önce Daniel'in bana yolladığı el yazısı not üzerine onu görmeye Ferizaj'a gittim. Sanki başka bir çağdayız. Telefon ve e-mail yok. Telsiz çekmiyor. Şoförün biriyle mesaj göndermiş de, ancak o şekilde nasıl olduğuna ilişkin bilgi alabildim. AGİT Ferizaj, eskiden etnik açıdan karışık olan bir mahallede görev yapıyor. Bir sürü yanmış, topa tutulmuş Arnavut evi ve sonra Arnavutlar tarafından yakılmış bir sürü Sırp evi var. Daniel da tüm bunların ortasında. İnsan gerçekten de özel olarak bir takım evlerin hedef alındığını görüyor. İki ev temiz, üç ev yanık. Yanık evlerin arasında bir ev dimdik ayakta. Bizimki biraz şaşkındı. Zaten İstanbul dönüşü Kosova-Makedonya sınırında otostop yaparak, bizi Priştine'ye götürecek birilerini beklerken, bana "Sen olmasan hayatta buralarda olmazdım" dedi. Şimdi Kosova-Makedonya sınırında, otostop yaptığımız yere çok yakın Kaçanik'te çalışıp, Ferizaj'da yaşıyor.

Kaçanik'te dağlara çıkıp yürüyüş yapmak istemiş ama mayınlar nedeniyle vazgeçmiş. Ferizaj dönüşü ben de yolun kenarında bir yeri kordona almış, çalışan mayın tarama ekipleri gördüm. İnanılmaz bir iş. Daniel da bir ara heveslendi. Aslında tam onun gibi sakin birine göre bir iş. Neyse ki askeri bir tecrübe gerekiyormuş. Sonuçta yabancı gözetmen olarak çalışıyor. Daha şimdiden cebindeki kurşunlarla oynayan eski KLA üyeleriyle tanışmış. Zavallı çocuk benim yüzümden nelere bulaştı. Ama sonuçta çok iyi para alıyor. Ben daha iyi durumda mıyım? Giderek daha paranoyaklaşıyorum. Sürekli beni takip eden var mı, arkamdan niye yürüyor bu adam, karşıdan gelen araba beni ezmeye mi çalışıyor şeklinde düşünceler var kafamda.

Bu sabah bizim bilgisayarcı Nikola ile karşılaştım. Bana 'Kadife' devrim sonrası Belgrad'a gitmeyi düşünüp düşünmediğimi sordu. Ben de "Neden olmasın" dedim. Olursa düşünürüm. Gidersem yerli birine ihtiyaç duyacağımızı, onu düşünmemizi söyledi. Ailesi zaten oradaymış. Kosova'nın onun için giderek daha tehlikeli hale geldiğini, bir ay önce birisinin onu öldürmeye çalıştığını söyledi. AGİT'in önünde hem de. AGİT'in güvenlik görevlisinin söylediğine göre siyah bir Mercedes otomobilden silahlı birileri çıkmış. Bunun üzerine AGİT ona bir ay bodyguard vermiş ama sonra çekmiş. Çıldıracak gibi olmuş. Artık buradan gitmesi gerektiğini söyledi. Oysa aynı Nikola bir süre önce dikkatli olması için onu uyardığımda, "Benim Arnavut arkadaşlarım bana bir şey yapmaz" demişti. Acayip üzüldüm onun için. Benim gibi hayatında iki kez doğru dürüst konuştuğu birinden Belgrad'a gidebilmek, daha doğrusu bir iş sahibi olarak gidebilmek için yardım istemek zorunda kalıyor. Bunu sonra Alimir'e söylediğimde olayı bildiğini, yalnız başına ya da başkalarıyla fazla dışarı çıkıp, görünmemesi için onu daha önce defalarca uyardığını söyledi. "Sonuçta yüzyıllardır birlikte yaşıyoruz, o istediği kadar Ukraynalı'yım desin, bir Arnavut, bir Sırpı gözünden tanır" dedi.

Bir keresinde sokaktaki CD satıcılarından biri Nikola'nın Sırp olup olmadığını sormuş Alimir'e. O da adama kendi işine bakmasını söylemiş. Sonra bir gün yine bir Sırp olan Branko ile Nikola'yı birlikte sokakta görmüş. İkisi yanlarından geçtikten sonra adam Alimir'e onların Ukraynalı olup olmadıklarını sormuş. Alimir de onların kendilerini öyle tanıttıklarını bildiği için "Evet" demiş. Ne zaman dışarıda onları görse, İngilizce konuşuyormuş ama "yüzünden Sırp olduğu belli" dedi yine de. Sonra da zavallı annesinden bahsetti. Kadıncağız bir Sırp olarak 18 yaşında evlenip, kocasıyla Kosova'ya gelmiş, yıllarca hep Arnavutların haklarını savunmuş, LDK'ya oy vermiş ve şimdi tüm bunlara rağmen sırf Sırp olduğu için sokağa yalnız çıkamamak ona koyuyormuş. Aksanı olduğu için bir komşusu hep onunla gidiyormuş. Satıcılar bile "Bu kadın hep seninle geliyor, Arnavutça bilmiyor mu?" diyormuş komşusuna. Komşusu da "Sen para kazanmak istemiyor musun?" diyerek geçiştiriyormuş soruları. Alimir şimdi araba almak, ehliyeti olmasa da araba kullanmak ve annesini istediği zaman istediği yere götürmek istiyor.

Bugün Açık Radyo'da, benimle yapılan canlı bağlantıda konuştum, bir sürü soruya cevap verdim ve burayı biraz anlattım. Annem dersini iyi çalışmış öğrenci gibi konuştuğumu söyledi. Bir yandan da Dışişleri Bakanlığı'nın buradaki temsilcisiyle görüştüm. Sanırım bir dahaki hafta içinde tekrar görüşeceğiz.

13 Ekim 2000

Dün gece yine 11.45'te telefon çaldı, birisi Afrodita ile görüşmek istedi, sonra da Arnavutça bilip bilmediğimi sordu. Tabii telefondan sonra gözüme uyku girmedi. Birisi benim evde olup olmadığımı öğrenmeye çalışıyor hissine kapıldım. Daha önce buna benzer olaylar olmasına rağmen ilk kez kendimi bu kadar huzursuz ve güvensiz hissettim. Belki de artık Alman hakimimizin de bodyguardı olduğu için, belki seçime iyice yaklaştığımız için, belki PDK bizi onlara karşı taraflı olmakla suçladığı için, yalnız yaşadığım için...

Sonuçta güvenliği aradım. Gelmeleri, benim telsizle yön tarifimle 10 dakika sürdü. Yani birisi kapımda olsa onlar gelene kadar çoktan kuyruğu titretmiş olurdum. Uyku tulumumu aldım ve çok yakın olduğu halde korkudan yürümeye çekindiğim Wagner'in evine kadar bana eşlik etmelerini rica ettim. Önce merkeze gidilip, zabıt tutuldu, sonra şaşkın şaşkın kapıyı açan Wagner'e bırakıldım. Sabahleyin kendimi biraz aptal hissettim ama gece çok korkmuştum. Wagner de güvenlikte çalıştığı için benim yüzümden bir sürü soru ve dedikoduya maruz kalacağını söyleyerek benimle dalga geçip, sürekli "Ben evli bir adamım" dedikçe kendimi daha da kötü hissediyordum. En azından bugün BM ehliyet sınavını başarıyla verdim. Bu sayede Transport'tan araba alıp haftada birkaç gece Ferizaj'a gider gelir ve evde daha az yalnız kalırım. Herhalde seçimlere kadar biraz dikkatli davranmam gerekecek.

Seçim meydanlarında eski KLA üniformaları, sembolleri ve amblemlerinin yasak olduğunu bildiren bir yazı hazırladım. Bu beni biraz tedirgin ediyor. Özellikle burasının ne kadar informist bir toplum olduğu ve herkesin yazdığının bir başkası tarafından kolayca okunabileceği düşünülürse. Sanki birisi hemen beni bulacak ve başım derde girecek gibi geliyor. Adımı sileceğim yazının başından. Paranoyamın boyutu gitgide yükseliyor. Dün akşamki telefonun hiçbir anlamı yoktu belki de. Ama göze alamadım. Ya gerçekten birisi benim evde olup olmadığımı anlamaya çalıştıysa? İngilizce'deki "It's better to be safe than sorry" (Üzgün olmaktansa güvende olmak iyidir) lafını hatırladım.

15 Ekim 2000

Dün akşam yine Daniel'ı görmeye Ferizaj'a gittim. Bu sabah da Kaçanik'e, çalıştığı okula gittik. Elemanlarıyla tanıştım. Birisi hemen gelip hikayesini anlattı. Daha 24 yaşında, biri 4, diğeri 2 yaşında iki çocuk annesi, KLA gerillası olan eşini kaybetmiş. Hatta Kaçanik'ten ölen ilk KLA'lı olduğu için birçok dükkanda kocasının resmi var. Gencecik, yüzünde kocaman bir gülümseme olan bir oğlan. Kosova'da adet olduğu üzere evlenince kocasının ailesinin evine taşınmış. Yine adet olduğu üzere çocuklar kocanın kabul edildiğinden, kocası ölünce kayınları onu evden atmış ve çocuklarını vermemiş. Kız şimdi babasıyla oturuyor, çocuklarını günde sadece birkaç saat görüyor.

Evli olmayan insanların hiçbir statüsü yok bu toplumda. Ben de ona genç olduğunu, başka birine rastlayabileceğini söyledim. Babası köyün birinde çalışmasına izin vermemiş. Tabii şimdi kocası yerine babasına düşüyor onu kontrol etmek. Meyve almaya birlikte şehre indik. İnsanlar ona sanki bir takım beklentiler içinde fazla sıcak davranıyorlar gibi geldi bana. Erkekleri kastediyorum. Belki de dul kadına olan yaklaşımı Anadolu'dan bildiğim için bana öyle geldi. Bilemiyorum.

Kız her şeyini kaybetmiş durumda. İçim parçalandı. Kosova'dan veya Kaçanik'ten ayrılma planı olup olmadığını sordum. "Yapamam" dedi. İsterse yapabileceğini anlatmaya çalıştım, ama her şey imkansız onun için. Bağımsız ya da aykırı düşünceye alışkın olmayan bir taşralı için çok zor. O kadar zavallıydı ki! Bariz depresyonda, hatta intihar ederse şaşırmam. Aynı şeyi Daniel da söyledi. Bir şeyler yapılabilmeli bu konuda. Bu saçma gelenek değişmeli. Herkesin kültürüne saygı gösterilmeli ama bu kültür ve gelenek insanları mutsuz ediyorsa, ben o geleneğe karşıyım açıkçası.

24 Ekim 2000

Şu andaki işimde son günlere yaklaşıyoruz. Onun hüznü var

biraz. Zira benim için çok tatmin edici bir iş oldu. Şimdi Ulaştırma Bakanlığı'ndaki yeni işim doğrusu sıkıcı geliyor. Farklı olabilir tabii ama göreceğiz. Daniel ile görüşmek de zor oluyor. Bu Pazar yine Ferizaj'a gittim. Kaçanik'te oy kullanılacak okulları gidip gördük. Kaçanik aslında etrafı dağlarla çevrili çok hoş bir yer, fakat dağların özellikle sınıra yakın yerleri, mayınlı olduğundan gezi yapma olanağı yok. Gittiğimiz ilk köy tam Makedonya sınırındaydı. Köylüler zaten alışveriş için oraya gidiyormuş. Tam bir sınır yok. Uzakta -veya yakında mı demeli- Makedonya bayrağının dalgalandığı görülüyor tepelik bir yerden. İleride bir yerde bir askeri gözetleme kulesi var. Ve tam sınırın biraz gerisinde de mayın temizleme ekipleri. Bir yeri kordona almış çalışıyorlar.

Bu köyler de Türkiye'dekilere benziyor. Fakir, eski, taş ve ahşap karışımı evlerin bırakılıp betonarme evlerin ağırlıkta olduğu yerler. Ama okullar iyi durumda. Bazıları öyle sapa, uzak yerlerdeydi ki insan kasaba dururken, öyle uzak bir yere gidip oturanları anlamıyor. Bu uzak köylerden birinde iki tane yakılmış ev gördüm. Sırpların Arnavutlara zarar vermek için bu kadar uzağa gitmiş olması tuhaf. Yollar topraktı, içimiz dışımıza çıktı arabada.

BM'ye geri dönecek olmak aslında beni biraz rahatlatıyor. Belki arabam olur, hayat daha kolaylaşır diye düşünüyorum. Bir de AGİT ile ilgili hayal kırıklığı yaşayabileceğimi düşünüyorum. Geçen hafta Türk hükümeti tarafından AGİT'e yollanabilmek için, Viyana'da AGİT'teki Türk temsilcisiyle görüştüm ve konuşma iyi geçti aslında. CV'mi iyi buldular. Kendime iş bulduğum anda hükümetin beni yollaması pek sorun değilmiş. Zira AGİT'te hiç Türk çalışmadığı için birilerini yollamak istiyorlar. Üstelik ülkeye hizmet edenlere verilen ve birçok ülke için vize alınması gerekmeyen gri pasaport ve daha fazla para da cabası... Bana Priştine'ye Dışişleri Bakanlığı'nın yollamış olduğu birinin adını da verdiler. Bu adamla olan konuşmamın Viyana'dakilerin onayına etkisi olacaksa halim ne olacak bilinmez. Zira konuşma başlar başlamaz konu Kosova'daki Türklere geldi. Yani buraya bir Türkün gelme nedeni ancak Kosova'daki Türklere yardım ya da onlarla takılma arzusu olabilir sanki. Tabii buradaki Türkler için böyle uğraşmaları çok güzel ve takdire değer. Türkler, Türkçe konuşabilmeli, kendi dillerinde eğitim alıp, radyo kurmalı, belgeler onların dilinde de basılmalı vs. Ama ister istemez benim aklıma Türkiye'de bu hakka bir türlü sahip olamayan Kürtler geliyor. Olay biraz tuhaf kaçıyor. Kosova'daki Türklerin bu hakları için uğraş, Türkiye'deki Kürtlerin ise almaması için uğraş. Hatta Türk tezinin inandırıcılığını kaybetmesine neden olan bir durum bu. Bunu aynen söyledim. Bu cevap hoşlarına gitmedi. Hemen Türkiye'deki Kürtlerin durumunun neden farklı olduğunu anlatmaya başladılar. Niye farklı olsun? Bu fark Türkiye'nin ayıbı o zaman. Başka ülkelerdeki Türk azınlıkların bu hakları istemesine onay var da niye kendi ülkemizdeki azınlıklara yok? Bunun hiçbir açıklaması yok. Neyse, bilgi istediğim insanlarla tartışmaya girmek istemediğim için olayın üstüne gitmedim. Bıraktım konuşsunlar. Sonra bir baktım İpek diye bir yerden söz ediyorlar. Meğerse, Sırpçası Peç, Arnavutçası Peja olan, herkesin Peja dediği yere bizim Türkçe adıyla İpek dememiz gerekiyormuş. Yunanlılar İstanbul'a Constantinople dediğinde kızıyoruz da, elalemin ülkesine (hatta beş yüz yıl işgal etmiş olduğumuz yere) gelip bunca yıllık Peja'ya İpek diyoruz!

Bu konuda ne düşündüğümü söyleyememek beni çıldırttı. Bütün günümü bu konuşmanın etkisi altında geçirdim. Anladığım kadarıyla, Kosova'da Almanya ile ABD en büyük rakipler ve Rusya'nın Slav kardeşleri üstündeki etkisini azaltmak için birbirleriyle yarışıyorlar. AGİT ile BM de ister istemez bu çıkar kavgasına alet oluyor. Yani kendi ulusal çıkarları doğrultusunda kullanıyor iki ülke bu iki önemli uluslararası örgütü. O yüzden

BM veya AGİT olmasa dünyadan çok şey kaybolmaz herhalde görüşüne vardılar. Herkesin burada olanlarla ilgili olarak ayrı bir komplo teorisi var.

Bütün bunların ışığında, Türk hükümeti beni AGİT'e yollarsa acaba benden bir takım beklentileri olabilir mi diye bir kurt düştü içime. Zira AGİT'in elemanları kendi ülkelerinin hükümeti tarafından göreve yollanıyorlar. Maaşı da yollayan hükümet veriyor. Ancak bu bir formalite. Her ne kadar paramı onlar verecek olsa da, AGİT uluslararası bir örgüt ve onun için çalışanlar, kendi hükümetleri yerine ancak ondan emir ve direktif almalı, AGİT'e sadık olmalı. Hükümetlerin "adamı" olmayan, bürokrat değil, sivilleri çalıştıran bir örgüt için de ancak bu düşünülür. Ama bu duyduklarımdan sonra hiçbir şeyden emin olamıyorum. AGİT için çalışırken, T.C. benden o görevle uymayan bir şey isterse, iş ahlakım ve sorumluluk anlayışım bunu yapmamı engeller.

Bu soruları her ikisi de kendi hükümetleri tarafından yollanmış Danimarkalı arkadaşım Henrik ile Fransız Anne'a sorduğumda, Henrik, "Gerçek dünyaya hoş geldin" dedi. Ve bu durumun AGİT ile artık çalışmak istememesinin nedeni olduğunu söyledi. "Buradaki Amerikalıların yarısının casus olduğundan, sürekli hükümetlerinin adamlarıyla buluşup, bilgi verdiklerinden emin olabilirsin" dedi. Bu, büyük bir paradoks. Bir yanda canla başla BM veya AGİT için çalışan, çalıştığını gördüğüm insanlar var. Böyle şeyler yapmadıklarını biliyorum. Diğer tarafta da bunlar. Henrik, "Başını salla, aldırma, sen görevini yapmaya devam et" dedi. Anne'ın ailesi de yıllarca Afrika'da Fransız hükümeti için çalışmış ve çok benzer durumlarla karşılaşmışlar. "Boş ver, asabını bozan insanlarla görüşmek zorunda değilsin" dedi. Yani çalıştığın yerin siyasi olduğunu bilerek görev yapmaya uğraşacaksın. Güya ilkeleri izleyeceksin ama aslında gerektiğinde, yani siyasi nedenlerle, o ilkeleri bir kenara atacaksın. Ben siyaset yapmak falan istemiyorum, ben işimi yapmak istiyorum. Benim gibi birisi böyle bir şeye ne kadar dayanabilir? Belki de AGİT'e geçmeye çalışmak çok da iyi bir fikir değil. Ya da zannettiğim gibi bir durum asla yok ve ben kuruntu yapıyorum.

Henrik asabımın bozulduğunu ve kendimi ne kadar çaresiz ve hayal kırıklığına uğramış hissettiğimi görünce "İdil, ilerde benim kuracağım sivil toplum örgütünde çalışabilirsin" dedi. Sonra da "Onların da ne olduğunu biliyoruz" diye ekledi. Evet, onlar da birçok ülke için, kendi ulusal çıkarlarını gerçekleştirmenin bir aracı. Demek ki, bu durumda bu komisyon gibi, gerçekten baskıya uğramadan bir şeyler yapabildiğim bir yere düştüğüm için kendimi şanslı saymalıyım. Bu konuda hemfikirdik. birçok kişi AGİT'de bütün bunlara aldırmamaya çalışarak görevini yapmaya çabalıyor elden geldiğince ve onca uğraşının Kosova için olumlu ufacık, miniminnacık bir etkisini görüyor. Oysa biz çalışmamızla politik şiddet olaylarının azalmasına şimdiden çok katkıda bulunduk. Yani ufak kasabanın tekinde demokratikleşme sorumlusu olan birinden çok daha fazla yol kat ettik.

Buraya geldiğimden beri benimle arkadaşlık eden polisle yemek yemeyi de başardım en sonunda. Adam çok değişik bir tip. Yine de birisi, üç ay önce bir Türk polisiyle yemek yiyeceğimi söylese güler geçerdim. Uzmanlık alanı istihbaratmış. Üniversitedeyken aramızda sivil polis olduğu söylenirdi de inanmazdım. Meğer bizimki onlardan biriymiş. Türkiye'de en solcusundan en sağcısına okumadığı yayın, bildiri, broşür kalmamış. Hem bilgili, hem de hoş sohbet olduğu için de eminim bu tiplerin arasına karışması hiç zor olmamıştır. Hatta anlattığına göre DHKP-C'den birisinin evine bile gitmiş. Bana hiç polisle çatışıp çatışmadığımı sordu. Benim gibi pasifist, şiddetten nefret eden birisi polisle çatışacak?! Gandivari usullere inandığımı söyledim.

Bizimki artık polislikten baymış, sivil olmak, silah taşımamak hatta göçmenlik başvurusunda bulunmak istiyor. Mümkünse BM'de çalışmak. Ne yapabileceği, neye becerisi olduğu hakkında konuştuk. Konuşma bittiğinde "Teybi kapattım" diye patlattı. İstihbaratçı ya. İnsan şaşıyor böyle polisler var mı diye. Keşke bu adam polis kalsa, Türkiye için ne iyi olur! Dediğine göre yeni yetişen polisler eski kıro polislerden değilmiş. "Gençlere güven" dedi. Bir de amirinden bahsetmeli. Bana sorduğu bu bilgileri amirinden daha kolay öğrenebileceğini söyledim. "Onun dünyadan haberi yok, bir kere rütbe aldıktan sonra kendini geliştirmek için hiçbir çabası olmamış" dedi. Bizimki evde sıkıldığını söyleyen amirine kitap okumasını söylediğinde aldığı cevap "Bu yaştan sonra ne kitabı okuyacağım" olmuş. Bu kafadaki adam Kosova'daki dördüncü büyük polis gücü olan Türk polisinde. Neyse arkadaşım gibileri de var Allahtan...

Yine AGİT'de çalışan başka biriyle daha tanıştım. Gazeteci. Bana yurtdışına geldiğinden beri daha milliyetçi olduğunu, buradaki Türkler için koştura koştura bir hal olduğunu anlattı. Geleli üç ay olmasına rağmen başka Türkleri yeni aramama inanamadı. Ben de yabancı bir ülkeye gittiğimde önceliği diğer Türkleri bulmaya vermediğimi söyledim. O ise Kosova'nın özel koşulları nedeniyle durumun burada farklı olduğunda ısrar etti. Bu kadının anlattığına göre, Dışişleri'ndeki benim buluşup konuştuğum adam, Kosovalı Türklerin bastırdığı bir broşürde sarı-yeşil-kırmızının bir araya geldiğini görünce, Kürt propagandasına karşı uyarmış zavallıları. Kosovalı Türkler Kürt propagandası yapıyor! Bu kadar paranoya inanılmaz yani. Buradaki Türkler Türkiye'den olan insanların ilgisine öyle muhtaç ki, bir yanlışlık yaptıklarını düşününce zaten mahvoluyorlar. Bu insanları böyle üzmeye ne gerek var? Yazık. Nelerle uğraşıyoruz.

28 Ekim 2000

Bugün en sonunda yerel seçim günüydü. Sabahın 7.20'sinde

gittim işe. Beklediğimizin aksine hiç de fazla şikayet olmadı. Bütün gün nöbet tuttuk, ama boşuna. Bir ara Afrodita ile yakındaki okula gittim seçimi gözlemek için. Ortalık ana baba günüydü, ama yine de herkes nereye gideceğini ve ne yapacağını biliyor gibiydi. Yaşlı insanlar yakınlarının kollarında gelmişlerdi. Ayakta zor durabildikleri halde oy kullanma heyecanına kapılmışlardı. Güvenlik de gayet iyiydi. Bir sürü polis, yabancı gözlemci. 89'da Kosova'nın özerkliği kaldırıldığından beri, hatta komünist dönemde de gerçek bir seçim söz konusu olamayacağına göre, belki de bu hayatlarındaki ilk demokratik seçimdi Kosovalı Arnavutlar için. Yani insanların coşkusunu anlamak mümkün.

Az şikayet olması da organizasyonun iyi olduğunu gösteriyor. Hepsi de minimis[19] dahi sayılabilir bu şikayetlerin. Böylece iki gün önce Komisyon'da çıkan kavgaların hiçbiri yaşanmaz. Komisyondaki Kosovalı üyelere inanamıyorum. Komisyon kurulduğundan beri siyasi partilerin yandaşlarının hareketlerinden sorumlu tutulabileceği kuralını anlayamadılar. Aslında buna benzer bir kural futbol maçlarında bile vardır. Yandaşlar, sokaktaki adam, polis veya medya da olsa, bunların başka bir partinin mitingini basması, olay çıkarması veya Seçim Kanunu'nda belirtilen başkaca kusurlu hareketleri yapması halinde söz konusu parti hukuken sorumlu olur. Şimdiye kadar birçok partiye yandaşlarının taşkın davranışları dolayısıyla bu şekilde ceza kestik. Ancak, sözü geçen yandaşlar şiddet olaylarına neden olup milletin kafasını gözünü kırınca, daha sert bir yaptırım gerekmez mi? O beldeden aday olan kişiyi adaylıktan men etme gibi örneğin? "Nasıl olur efendim, niye?" diye kızdılar. İnsanların yaralanmasına rağmen, aynı partinin üyeleri iki gün içinde üç ayrı yerde olay çıkarıyorsa, bu partiye sadece parasal bir yaptırımla ceza kesmenin nasıl bir caydırıcılığı olabilir? Olmayacağını anlayamayacak kadar aptal değillerdir herhalde. Bu durumda ya hukuk bilgileri cehalet derecesinde ya da korkuyorlar, ki bunu bize bildirmeleri gerekir. O zaman onlara koruma sağlayabiliriz. Komisyonun iki üyesinin korkuları biraz daha anlaşılır. Biri Türk, yani azınlık. Öbürü dul bir kadın. Burada kadınların eşleri olmadığı zaman sahip oldukları statüleri düşünülürse bu da bir dezavantaj. İyi ama, avukatlık yapan ve güya iyi bir üne sahip olan üçüncü üyenin nesi var? Beğenmediği kuralları uygulamamak için başından beri olay çıkarttığı yetmezmiş gibi, bir de diğer ikisini etkiliyor. O ne derse diğer ikisi onaylıyor. Madem AGİT'in kurallarını bu kadar kabul edilemez buluyorlar, bu görevi niye kabul ettiler? Neyse ki, Alman hakim, mitinglerde şiddet olayları çıkması nedeniyle iki adayı adaylıktan çıkarma kararını 3 Kosovalı'ya karşı veto hakkına dayanarak verdi.

Bu karardan sonra yapılan ilk toplantıya, medyanın gazetecilik kurallarına uygun çalıştığını denetleyen kurulun üyesi Simon da katıldı. İki büyük partinin açıkça yandaşı olan iki gazetenin, nasıl profesyonellik dışı davrandığını ve sorumsuzca karşı partilerdekilerin kişilik haklarına saldırdıklarını örneklerle gösterdi, gazetelerdeki yazıların içeriği hakkında bilgiler verdi. Neden mahkemeler yoluyla bu gazetelere karşı bir şey yapılmasının zor ve uzun süreceğini mükemmel bir şekilde anlattı. Sonunda Komisyon'dan yetkisine giren bu alanda gazetelere yaptırım uygulamasını istedi.

Herkesin bildiği gibi Kosova'da mahkemelerde şu anda sadece cezai davalara bakılıyor. Mahkemeler işlese bile hakimler şu ya da bu fikre karşı daha yakın, yani hakim tarafsızlığı ve bağımsızlığı diye bir şey yok. Bu son toplantının seçimden iki gün önce yapıldığı düşünülürse, toplantıda bırak cezayı, uyarı yönünde bir karar çıkmazsa bu insanlar bu yazılara devam edecek ve sonunda birileri zarar görecek. Örneğin birkaç ay önce Dita gazetesinde bir yazı çıktı, birisinin savaş suçlusu olduğu ilan edildi ve sonra bu kişi kimliği belirsiz kişilerce öldürüldü. Simon, “Bu denli sorumsuz bir gazetecilik olamaz. Bu zaten bağımsız gazetecilik değil, parti yandaşlığı” dedi. Hukuki yollardan da bu işi takip edeceklerini ancak kısa vadede önlem ve sonuç alınması için Komisyona geldiğini de ekledi.

Bizimkiler önce bu konuda yetkili olduklarına inanmadılar. Çoktan öğrendiklerini sandığımız yetki kurallarını gösterdik, yine ikna olmadılar. Sanki biz, Komisyona yetkisi olmayan bir konuda karar aldırmaya çalışıyormuşuz gibi, bir şüphe, bir güvensizlik. Sanki normal bir ülkede normal koşullar altında yaşıyoruz, hukuk devleti ilkesi mükemmel işliyor, mahkemeye gidip sonuç alacağız. Sistem işlemediği için en başta bu Komisyon var ve acil yargılama usulüyle bir şeylere bakıyor. Bütün bunları sanki bilmiyorlar. Israrla gazetelere uyarı verilmesine karşı çıktılar.

Alman hakim bu kararı da kendi başına vermek istemediğini, ancak yanında iki Kosovalı üye de olursa uyarı cezası vereceğini söyledi. Bunun üzerine uzun bir ikna turu başladı, aslında uyarı cezası vermek istemediklerinden olsa gerek, Simon’ın sözlü sunumuyla yetinmektense, yazılı metinleri okumak istediklerini, bunun için de zaman gerektiğini söylemeye başladılar. Zaman olmadığını bildikleri halde. Veya bildikleri için mi demeli? Ceza vermek için inceleme gerekse de, uyarı için sözlü sunumun yeterli olduğu açıktı. Ben de Türk hakime Türkçe olarak her şeyin açık olduğunu söyledim. “Nasıl olur?” dedi. “Elinizdeki belgelere, raporlara, eklere bakın” dedim. Okuduğunu ama öyle bir sonuca varmadığını söyleyince, dayanamayıp, “O zaman okuduğunuzu anlamıyorsunuz” dedim. Adama bir aptal demediğim kaldı böylece ama bu kadar manasız bir ayak direme görmedim şimdiye kadar. Sonuçta burası onların ülkesi, onlar bir takım riskleri almadıkça hiçbir şey düzelmeyecek. Yapması gereken şeyi -hem de böyle bir dönemde- yapmak istemeyen adamın o yerde işi yoktur, o mevkiyi işgal etmemesi gerekir.

Uyarı vermenin kimseye bir şey kaybettirmeyeceği yönünde görüşler bildirildi. En sonunda ben, Komisyonun pasifliğinin şiddete yol açmasından ve Simon'ın uyardığı üzere, birilerinin canına mal olmasından korktuğumu ve bunu engellemek için bir şeyler yapmaları gerektiğini söyledim. "Etkin üye" uyarının bir şeyi değiştireceğinden emin olamayacağımızı söyledi. Ben de, neredeyse gözlerim yaşlar içinde, "İyi de, denemek istemiyor musunuz?" dedim. En sonunda sadece uyarıda bulunulması kabul edildi. Ancak Türk üye bana kızdığı için mi acaba, bilmiyorum, aksi yönde oy kullandı. Saat dokuzda eve giderken kendimi öyle yorgun hissediyordum ki... Bu insanlarla kavga etmekten bıktım artık. Bu kadar iyi hukukçularımız ve yerel elemanlarımız varken, komisyon üyelerimiz nasıl bu kadar kötü olabilir?

Bugün işe gitmemek ve hatta çöp atmak dışında evden çıkmamak harika bir duygu. Yorgunum. Ama kısa süreli kafamı dışarı uzatmam bile dün havada olan tedirginliğin geçtiğini anlamama yetti. Dün çok az dükkan ve işyeri açıktı. Oysa bugün her yer açık. Belli ki insanlar şiddet olaylarından korkuyordu. Bakalım sonuçların açıklanmaya başlayacağı pazartesiden itibaren neler olacak?

15 Kasım 2000

Seçimin üstünden kaç hafta geçti, memlekete gittim, geldim ve yeni işime başlayalı üç hafta oldu bile. Yeni işimin en ilginç yanı kendi kendimin patronu olmam. Koskoca Ulaştırma Bakanlığı'nın tek hukuk müşaviri benim. Hem hoş, hem de insana oldukça sorumluluk yükleyen bir iş. Genelde üstesinden gelemeyeceğim şeyler değil. İleride yine bir uluslararası organizasyonda çalışmak istersem CV'imde iyi duracak, kapı açacak bir iş. Bakanlıkta kurulması gereken birimlere ilişkin tüzüklerin, yönetmeliklerin hazırlanması, sözleşmelerin denetlenmesi ve düzenlenmesi...

Bir hafta tatile gidip gelince burada nelerin değiştiğini görmek hayli ilginç. Mesela trafik ışıkları çalışmadığı için dört yönden gelen arabaların birbirine karıştığı ve bir şekilde kaza olmadan, her yöne bakarak zorla da olsa geçilen ve tüm bu özelliklerinden dolayı da, 'Rus Ruleti' dediğimiz kavşaktaki trafik lambaları sonunda onarılmış ve çalışır durumda. Şu sıralarda en önemli olay, üç gündür 12.00 -15.00 arası bayağı büyük gösterilerin olması... O saatler arasında hayat duruyor. Genel grev. Hiçbir yer açık değil. Bu yüzden bugün eve geldim öğle yemeği için. Amaç Sırbistan'daki Kosovalı mahkumların serbest bırakılmasını sağlamak. Dün Hükümet Konağı'na işim düştü, Milli Tiyatro önünde protesto amacıyla yatan insanları gördüm. Şilteleriyle yolu kapatmışlar, geceleri de battaniyeleriyle orada yatıyorlar. Türkiye'de insanların böyle bir şey yapma özgürlüğü yok ama yabancılar tarafından yönetilen Kosovalıların var. Ne tuhaf...

Dün iş çıkışı Fransız iş arkadaşlarımdan biri kahve içmeyi teklif etti ve iki Arnavut'la birlikte işyerinin altındaki cafÈye gittik. Bir anda laf BM'nin neden bir takım şeyleri çözemediğine geldi. Biz de, sanki bu konuyu daha önce konuşup, ağız birliği yapmışız gibi, BM'nin çözüm için değil, yardım için Kosova'da olduğunu, çözümlerin Kosovalılar'ca bulunacağını söyledik. BM'nin Güvenlik Konseyi aracılığıyla hareket ettiğini ve bu konseyi oluşturan beş ülkenin- AB nedeniyle çıkarları yaklaşan İngiltere ile Fransa dışında- çıkarlarının tamamen farklı ve sonuçta BM'nin tüm bu nedenlerden dolayı politik bir örgüt olduğunu, böyle politik bir örgütten de çözüm beklenemeyeceğini anlattık. Sonuçta şu an BM'nin Kosova'da bulunması, sorunları çözemese de, bulunmamasından daha iyiydi. İki Arnavut ta, "Sırpların olmasından iyidir" dedi.

Anladığım kadarıyla BM, Kosova ve Doğu Timor'da ilk kez klasik fonksiyonu olan barış gücü sağlamanın ötesinde, bir geçici yönetim kurarak, o ülkeyi bir hükümet gibi yönetiyor. Bu durumda aslında birçok şeye karışmak istediklerinden de fazla karışmış durumdalar. Belki de bu nedenle ve yeni işim sayesinde öğrendim ki, bir Konvansiyon imzalanarak, BM'ye kişilerin ya da kurumların açacağı davalardan muafiyet sağlanmış.

Etrafıma bakıyorum ve en ılımlı insanların bile Sırplar'la yeniden birlikte yaşama fikri söz konusu olduğunda bunun hiçbir şekilde kabul edilemez olduğunu düşündüklerini görüyorum. Biz yabancılar ne düşünürsek düşünsek, Balkanlar'daki sınırlar değişmesin istesek de, Kosova'nın Yugoslavya'nın parçası olması bitmiş gözüküyor. Çünkü nüfusun çoğunluğunu oluşturan Kosovalı Arnavutlar bunu istemiyor. Özellikle Karadağ ayrılırsa Kosova'yı kimse tutamaz. Hatta Karadağ ayrılmasa bile Kosova bağımsız olacak gibi. Avrupalılar tanır veya tanımaz veya geç tanır ama bağımsızlık gelecek gibi görünüyor.

Elbette bu, başka sorunlar doğuracak. Çünkü Arnavutlar "Hepimiz biriz" ister Makedonya'da, ister Arnavutluk'ta, ister Kosova'da olalım fikrindeler. Bunun yanlış bir siyaset olduğu Türkiye-Kıbrıs, ama en önemlisi Sırbistan-Bosnalı Sırplar, Hırvatistan topraklarındaki Krayinalı Sırplar-Kosovalı Sırplar örneğinde görüldü. Çünkü bu, yayılmacı bir siyaset. Özellikle Makedonya'da yaşayan Arnavutlar çok tehlikeli işler yapıyorlar. Henüz belli bir sistem oturtamamış, çiçeği burnunda bir ülkede kolayca karışıklık çıkarabilecek, hatta birleşme talepleri yaratabilecek bir durum Kosova'nın bağımsızlığı. Zaten dün bir dahaki misyon Makedonya'da olacak diye espri yapılıyordu. Bu bağlamda Bosna'daki seçimlerin sonucu da gerçek bir hayal kırıklığı.

Ama belki de hata birlikte yaşamak istemeyen insanları zorla bir arada tutmaya çalışmaktır. Ancak bunun tersine prim vermekse etnik temizlikle de facto durumlar yaratılmasına ve insanların yerlerinden yurtlarından edilmesine destek olmak anlamına geliyor.

25 Kasım 2000

BM gerçek bir bürokratik facia. En basit şeylerin yapılması için bile bin tane insanla konuşulması gerekiyor. Örneğin bayanlar tuvaletindeki ampulün yandığını, değiştirilmesi gerektiğini banyoyu temizleyen kadına söyledim. Temizliği yapan o olduğuna göre önce onun görmesi gerekirdi. Kadın bu durumu Meti isimli tercümana söylememi, Meti ise mali işlere bakan kişiden onay alması gerektiğini söylemez mi? Hey Allahım, sanki değeri 5000 dolar olan jeneratör alıyoruz. Bu bir ampul, en fazla bir DM değerinde. O kadar sinirlendim ki en sonunda "ampulu kendim para verip, alacağım ve BM'ye bağışlayacağım" dediğimde, mali işlere bakan adam "Madem bir iyilik yapıyorsun, bari bir yerine beş tane al" demez mi? Sağ olsun, bedeli olan 3 DM'yi de hemen bana takdim etti!

Bürom tüm öğleden sonra güneş gördüğü için bilgisayarın ekranındaki yansımadan bir şey göremiyordum. Bu sorunu çözmek için perde ya da panjur alınmasını söylediğimde verilen cevap şuydu: "New York'tan ihale aracılığıyla yapılması gerekli." Neyse sonra üstelemem sayesinde 2500 DM'ye kadar olan harcamaların kasadan karşılanabileceğini, yani ihale falan gerekmediğini öğrendim. Böyle bir işin ne kadar tutacağını araştırırken, camlara ampullerle birlikte aldığım alüminyum folyoları yapıştırarak biraz olsun güneşi ve parlamayı hafifletebildim. Tabii aldığım ampulü de tuvaletteki lambanın şapkasını sökerek yine benim taktığımı söylememe herhalde gerek yok.

Her ne kadar odayı paylaştığım Patrice, odanın bu grunge görünümünden hoşlandığını söylese de, ben camların alüminyum folyo kaplı olmasının gayrı ciddi bir görünüş yarattığını düşünüyorum. Duyduğum rahatsızlığı bölümün müdürüne ilettim ve bu geçici çözümün kalıcı bir çözüme bağlanmasının zorunluluğuna dikkat çekerek, bu konuyla birisini görevlendirmesi gerektiğini söyledim. Bunun üzerine tuttu, beni görevlendirdi! Elbette, başka kimi görevlendirecek?

Arnavut yardımcımızla konuşarak, bu işi yapabilecek birisini tanıyıp tanımadığını sordum. Ertesi gün ölçü alıp, fiyat vermeye birisiyle geldi. Adamın bir sonraki gün yazılı bir teklif ve kuracağı sistemin ufak bir örneğiyle gelmesini de sağladım. Dün de nihai pazarlığı yaparak, anlaşmaya vardık. İş Salı günü başlayacak. Herkes iş bitiriciliğime hayran kaldı ama ben bunu kendi işbitiriciliğimden ziyade BM'nin zavallılığı olarak görüyorum. Zira ben olmasam bu yapılamayacaktı. Bu gerçek bir acizlikten başka bir şey değil.

Bunların dışında işim ilginç. Bildiğim bir konu olduğu için çok daha rahatım. Onlar da benim hırslı ve becerikli olduğumu düşünüyorlar ve benden memnunlar. Kosova Demir Yolları'nı sigortalayacak birilerini bulmaya çalışıyoruz. Hem heyecanlı hem de zor. Belki bu iş için bir Zagreb yolculuğu yapılacak. Göreceğiz.

Bu arada bir takım üzücü politik gelişmeler oluyor. Geçen sabah 4:40'ta patlayan bir bombayla uyandım. Evimin camları öyle bir zangırdadı ki, patlamadıklarına şaşıyorum. İşe gittiğimde Koştunitsa'nın Kosova'ya Arnavutlar'la temasta bulunması için göndermiş olduğu sağ kolunun hedef alındığını, adamın kurtulduğunu ama şoförünün öldüğünü öğrendim. Bir gün sonra ise Rugova'nın en yakın yardımcısı Priştine'de öldürüldü, hem de kaç kez geçtiğim bir yer olan Dardania'nin girişinde. Gazetelerin yazdığına göre üçüncü bir olay da Presevo Vadisi'ndeki Arnavutların Sırplara açtığı ateş sonucu ölen Sırp polislerdi. Bu vadideki Arnavutlar tepeden tırnağa silahlı ve nüfusunun çoğunluğu Arnavut olduğu gerekçesiyle Sırbistan'dan ayrılması için uğraşıyorlar. Bu üç olayın artarda meydana gelmesinin rastlantı olmadığı söyleniyor. Bir sürü kişi de bu şiddetin eninde sonunda BM'nin elemanlarına da yöneleceğini düşünüyor. Şaşırmam böyle bir şeye. BM sonuçta burada karışmak isteyeceğinden çok daha fazla bulaşmış durumda her işe. Birilerinin canını yakıp, karşısına alması kaçınılmaz.

27 Kasım 2000

Bugün Decani ve Gdjakova'ya[20] gittik. Evlerin hemen hepsi zarar görmüş. Gerçekten de Kosova'nın en harap bölgesi. Maalesef Gdjakova'yı gündüz gözüyle göremedik. Hava çoktan kararmıştı. En ilginç olanı ise, kaç zamandır burada olduğum halde, bugün ilk defa bir Sırp köyüne gitmem oldu. Prizren dönüşü normal yoldan gelmek yerine Stripce-Brezovica üzerinden dağ yollarından geldik. Yağan yağmur belli bir yükseklikten sonra kara çevirince kendimizi tam bir kar fırtınasının içinde bulduk. KFOR'un kontrol noktalarından sonra bir anda bütün yazıların Sırpça, bütün arabaların eski Yugoslav plakalı olduğu Sırp köylerinden birbiri ardına geçmeye başladık. Sanki başka bir Kosova'daymışım gibiydi.

O karda kışta KFOR sadece Wagner ile benim kimliklerimize bakıyor, arkada oturan Shpresa nedeniyle başımızın derde girmesinden böylece kurtuluyorduk. Wagner yanlarında bir Arnavut'la bir manastıra girmek istediklerinde Peja'daki İtalyan KFOR'un üstlerine silah doğrulttuğunu söylemişti. Aynı akıbet başımıza gelebilirdi. "Bir Arnavutu Sırp köyüne sokmak" suçumuz cezasız kalmayabilirdi. Bir de Wagner, "Hadi durup bir kahve içelim" demez mi? Zavallı Shpresa ölecekti korkudan. Ne zaman köyden çıktık, trafik işaretlerinin üzerinde UÇK[21] grafitilerini görmeye başladık, bizimki "Yaşasın UÇK!" naraları atmaya başladı. Arnavut tarafına böylece geri dönmüş olduk.

Burada, Peja'da gezdiğimiz çok huzurlu görünen tam nehir kıyısındaki manastırdan da bahsetmek lazım. O kadar güzel bir yer ama içeridekiler için tam bir hapishane. Dışarı çıkamıyorlar. Hepsinin yüzünden düşen bin parça. Orada durup artık inandıklarından pek de emin olmadığım bir Tanrıya dua ediyorlar. Manastıra vardığımızda bir rehber kiliseyi gezdiriyordu. Grupta bir Türk polisi olduğunu gördüm, rehber ona dönüp dönüp, Türklere veriştiriyordu. Osmanlılar şöyle yapmış, böyle barbarlık etmiş. Ben de tam bu sırada Hıristiyan olmadığımı gösteren sorulabilecek en salak soruyu sordum; "Duvarlardaki mozaiklerde adamların bazılarının kafasının etrafında niye yuvarlak şeyler var?" Kadın o kadar şaşırdı ki soruma, benim de hangi ülkeden olduğum bu soruyla ortaya çıktı. Ve bu sayede bütün iğnelemeler Türk polisle bana yönelmeye başladı. Kadın anlatırken, "Türklerden özür dilerim, ama bu tarih, değiştiremeyiz" deyip bize sokuşturuyordu. Sonra Osmanlıların gözlerini oymuş olduğu bir takım freskler gösterdi. Nasıl, nasıl kandırmışlar bizi okulda Osmanlılar hakkında, inanamıyorum. Kandırmamış bile olsalar, olayların diğer ucunda yer alan kişilerin her şeyi bizden ne kadar farklı gördüğü anlatılmıyor. Biz de kendimizi haklı zannedip, niye sevilmediğimizi bir türlü anlayamıyoruz.

Sırplar Osmanlılara karşı Avusturya-Macaristan İmparatorluğu ile birlik olmuşlar, bu sayede bağımsızlıklarını kazanmayı umuyorlarmış. Plan işe yaramamış ve Osmanlılar onlara çok kızıp zarar vermeye başlayınca, onlar da manastırın bahçesinde toplanıp Peja'dan ayrılmayı tartışmaya başlamışlar. Bu olay anlatılırken iki yönde büyüyen bir ağacın önünde duruyorduk. Tam bu konuşma sırasında bir şimşek düşerek ağacı ortadan ikiye ayırmış ve bu şimşek düşmesi Sırplara Kosova'yı terk etmemeleri yönünde ilahi bir işaretmiş. Aynı Kudüs gibi, millet birbirini öldürmek, birbirinden nefret etmek için yüzlerce yıl önce meydana geldiği iddia edilen kimi olaylara, hatta efsanelere referansta bulunuyor burada... Sonra ufak bir kiliseye girdik. Orada bulunan fresklerin biraz orantısız olduğundan bahsedildi. Buna rağmen, "Bunu yapan sanatçı bir Sırp olduğuna göre onu sevmemiz gerekiyor" diye bir açıklama geldi sonra. Yani katil, tecavüzcü falan bile olsalar sadece Sırp oldukları için birilerini sevmek mi gerekiyor? İnsanların milliyeti her türlü suçlarını, kusurlarını giderir mi?

2 Aralık 2000

Dün KFOR ile yapılacak bir toplantı için Üsküp'e gitmem gerekti. Transporttan normal bir BM jipi almayı umarken yolculuk için bir minibüs tahsis edildiğini görmek şaşırtıcı oldu doğrusu. "Ben şimdi bunu nasıl kullanacağım? Normal araba yok mu?" dememe cevap olarak şöyle dendi: "Tek yapacağın şey, normal arabadan farklı olarak bu arabanın bir kuyruğu olduğunu hatırlamak, özellikle sollamalarda." Böylece inanılmaz bir siste, son moda çizmelerimle minibüs kullanmak bayağı ilginçti doğrusu.

En tuhaf olanıysa toplantı odasına girdiğimde oradaki tek kadın olduğumu fark etmekti. Hepsi kadınsızlıktan çıldırmak üzere olan bir sürü asker, yürüyorsun bakıyorlar, oturuyorsun bakıyorlar, konuşuyorsun bakıyorlar. Özellikle sürekli benimle tanışıp, kur yapmaya çalışan İtalyanlar çok komikti. Askerlerden biri "Ne yapsın, İtalyan işte, başka türlüsü elinden gelmiyor" diye onların bu flörtöz tavırlarıyla dalga geçti.

12 Aralık 2000

Çok hoş bir hafta sonu geçirdim. Daniel ile Rebecca'yı ziyarete Peja'ya gittik. Akşam yemeğini hoş bir lokantada yemeyi düşünürken, Rebecca'nın İtalyan KFOR üssüne davetli olduğu ortaya çıktı. KFOR'un bir Sırp köyüne çok yakın bu üssünde 80 kadar Arnavut çocuğa Noel Partisi verdiğini öğrendik. Yemek de pizzaydı tabii. Özel konuklar olarak bize ayrıca mükemmel ravioli de düştü. Yemek bitiminde çocuklar, düdükler, şapkalar, bağırışlar eşliğinde askerlerle trencilik oynamaya, zıplayıp, dans etmeye başladılar. Çok komik ve hoştu. Sanki eğlence çocuklar için değil, askerler içindi. İçlerinde bazıları gerçekten çok eğleniyordu. Birçok çocuk omuzlardaydı. Bizim yanımızda da şeker ötesi bir kız çocuğunu kucağında her yere taşıyan asker, ona portakal soydu ve yedirdi. Ufaklık da askere olan aşkından ölmek üzereydi. Biz de ona İtalyanca teşekkür etmesini öğrettik. Aslında üsse girerken bütün çocukların "Ciao" diye askerlere ve bize merhaba dediğini de belirtmeliyim. İtalyan bölgesindekiler İtalyanca öğreniyor tabii. Çocuklar askerlere tapıyor resmen.

Bunun dışında kış iyice gelip, hava oldukça soğuyalı beri elektrik kesintileri insanı çıldırtacak boyuta ulaşmış durumda. Elektrik kesintisi olmayan bir gün olmadığı gibi giden elektrik de gelmek bilmiyor. Ne duş almak (termosifon elektrikli), ne yemek yapmak (ocak elektrikli), ne de ısınmak (kalorifer elektrikli) mümkün oluyor. Buradan kolaylıkla alınan salak Türk TV kanallarını bile seyredemiyorum. İş çıkışı eve geliyor ve karanlıkta kendi başıma otururken depresifleşiyorum. Buna rağmen sözleşmemi 30 Haziran'a kadar uzatmış olmanın şaşkınlığı içindeyim. Çünkü yaptığım işten memnunum ve para biriktirebiliyorum. Henüz Türkiye'ye dönmek ve kendimi o karamsar ortama kaptırmak istemiyorum. İnsan ne kadar karşı koymaya çalışsa da kısır ve dar yönlü bir bakış var orada. Evet, uzun vadede dönmek istiyorum ama tamamen yurtdışı bağlantımı da koparmak istemiyorum. Şu anda bir sürü ülkeden insanla çalışıyorum[22] ve ortamdan da çok memnunum. Artık milliyet denilen şeyle bağlarım iyice koptu ve bundan rahatsız da değilim. Gerçek bir enternasyonalist oldum. Ve belki de bu yüzden babamın bazı fikirleri tahammül edilemez geliyor. Zaten o da bana "post-modern, neo-liberal" veya "irrasyonel-idealist" diyor. Türkiye'de insanların seni illa bir gruba ya da ötekine dahil etmeye çalışması beni sinir ediyor. Herkes ya liboş, ya dinci, ya Fettullahçı... Ben benim.

8 Ocak 2001

Üç gündür Grmija'daki ormana sabahları koşuya gidiyoruz Gerard ile. Geçen sabah SRSG'miz Bernard Kouchner'e rastladık ve kendisiyle böylece tanışmış oldum. Herif tam bir Fransız, flörtöz. Gerard beni tanıştırır tanıştırmaz, "Merhaba, hukukçu güzel hanım" türünden bir şeyler söyledi. Ne zaman fark ettin kan ter içindeki güzelliği de, yorum yaptın ha?

Adamın o yaşta benden iyi koşu formunda olması asabımı bozdu. Bu arada ormanın ortasının bombalanmış olduğunu ve bunun çok tuhaf bir görüntü yarattığını da söylemeliyim. Etraf yemyeşil ve sakin, bir süre koştuktan sonra yanmış bir tepeye geliniyor, altında bombalanmış bir bina. Koşu parkurunun kenarındaki ağaçların üstünde "Dikkat patlamamış bombalar, ormana girmeyin" yazıları var. Bombalanmış bina ise Yugoslav ordusunun karargahı gibi bir şeymiş. Taş üstünde taş kalmamış. Etrafı bantlarla çevrili ama onca uyarı yazısına rağmen yıkıntıların üstünde oynayan bir sürü çocuk. Bağırarak indirdik onları oradan.

Bugün birlikte Kuzey Mitrovica'ya gittik. Benim ilk gidişimdi. Ünlü ve ünsüz köprüleri geçerek... Güney'in kalabalığı, cıvıl cıvıllığı ertesi Kuzey, bomboş dükkanları ve sokakları ile nükleer savaş ertesi terk edilmiş bir yer gibi. Ünlü köprüye kadar ve köprüden sonra uzunca bir kısım dikenli tellerle dolu. Dikenli tellerden sonra gelen, yolun iki yanındaki dükkanların hepsinin camları kırık, içleri de boş. Biraz ileride lokantalar başlıyor. Oturduğumuz yerden caddeye baktığımızda eski komünist yapımı ve Yugoslav plakalı arabalar görüyoruz. Kimse arabasına BM'nin verdiği KS plakalarından almamış. Sokaktan sadece askeri araçlar, insani yardım gruplarının araçları ve ara sıra da bazı Sırpların arabaları geçiyor. Her fabrika 50 yıl öncede, açıldığı zamanda kalmış gibi, kir ve pas içinde. Yarattıkları çevre kirliliği nedeniyle hepsi zaten BM tarafından kapatılmışlar. Duyduğumuza göre Mitrovica'daki kurşun oranı inanılmaz yüksekmiş. Sırp tarafında hiçbir üretim, hiçbir faaliyet var gibi gözükmüyor. Sefillik, perişanlık, terk edilmişlik egemen. Arnavut tarafında da pek bir üretim yok ama yurtdışında yaşayanların gönderdiği yardımlar, hizmet sektörü ve yabancıların yardımları ortamı daha bir normal kılıyor. Dükkanlarda mal var, çeşitli ürünler boy boy. Hayat normal olmadığını bilsek de normal görünüyor. En azından bir dinamizm var.

Güney Mitrovica'da KFOR tarafından korunan Sırp kilisesinin önünden geçerken 5,5 ay gibi bir zamandır burada olmama rağmen her kilisenin önünde bir tank olmasına -o tank orada olmasa o kilisenin orada olamayacağını bilmeme rağmen- hala alışamadım. Asla alışamayacağım. Beynim bunu reddediyor. Belki alışmamak da en doğrusu.

O köprünün iki tarafındaki dikenli teller, KFOR kontrol noktaları, askerler, gerçek üstü görüntüler oluşturuyor. Görmesem inanamayacağım şeyler. Orada savaş hala devam ediyor. Biz kuzeye giderken, iki kadın kuzeyden güneye geçmek için kimliklerini askere uzatmışlardı. Bir de o askeri düşünüyorum. Hiçbir alakasının olmadığı, korkunç bir nefretin içine düşmüş o yaşta. Askerlerin hepsi gencecik. İki halkı birbirlerinden koruyorlar. Bu yaşlarında ne kadar sorumluluk gerektiren bir iş ve ne kadar da yaşamsal... En ufak bir hatada her an birileri ölebilir, kendileri veya korumayı başaramadıkları insanlardan biri.

New York'ta paralarına para katan insanlarla, Kuzey Mitrovica'da gittiğimiz restoranda yanımızdaki masada oturan işsiz güçsüz genç Sırp delikanlılarını kıyaslıyorum. Birbirlerine bu kadar yabancı olmaları, bu kadar farklı sorunlara sahip iki ayrı dünyada yaşamaları karşısında dehşete düşüyorum. O Sırpların, o New Yorklu'nun rahatça burun kıvıracağı normal bir hayattan ışık yılı uzakta olması çok acımasız. Yine de New York'tan ayrıldığım ortamı ve ruh halini düşündükçe, buranın gerçekliğini oraya tercih ediyorum. Gerçekten Kosova'ya gelmede hiç duraksamadım ve şimdi de Amerika'yı özlemiyorum. Arkadaşlarımı, sevdiğim yerleri, evet. Bazen de, özellikle iş ortamında, Amerikalıların kendilerine güvenli, iş bitirici, iş ahlakına uygun tavırlarını aradığımı söyleyebilirim. Yine de arkadaşlarla, o sevdiğim yerlere gitmeye devam edebilmek için yapmam gerekenler, memlekete o uzaklık, stres, tatilsizlik ve acımasızlık, yani ödenmesi gereken bedelin fazlalığını hatırladıkça kararımdan pişmanlık duymuyorum.

9 Ocak 2001

Bu hafta sonu gördüğüm Kuzey Mitrovica atmosferini Afrim'e anlatırken bir kez daha anladım. Ne kadar ılımlı da olsa, herhangi bir Arnavut, genç olmadıkça, Sırplarla yine birlikte yaşamayı tamamen imkansız buluyor. Yüzde 90'ının faşist ve savaşa karışmış olduğunu düşünüyor. Örnek olarak savaş sırasında kaçan Arnavutları ihbar eden bir sürü Sırpı gösterdi. Niye hiçbir Sırp ortaya çıkıp da bu kişileri savunmamış? Ben de öyle bir durumda hiç kimsenin bunu yapamayacağını söyledim. Şahsen ben bile doğrudan kaçardım. "Asla, bir daha asla, onlarla yaşamamız mümkün değil" dedi. Dediğine göre, kuzeydeki Zvecan ve oralardaki Sırplar en radikal, en milliyetçi ve savaş sırasında en militanca ve vahşice hareketleri yapanlarmış. O bunları anlatınca, ben de AGİT'de çalıştığım zamanlarda okuduğum insan hakları raporlarındaki Arnavut olmayan azınlıkların başına gelenlerden bahsettim. Bunlar elbette hiçbir yerde yazılmıyor ve Afrim gibiler hiç bilmiyor. Bunları savaşta ailelerini kaybetmiş, intikam peşinde koşan insanların yapıyor olabileceğini söyledi.

Dediğine göre, Kosova gazeteleri Mitrovica'nın Kuzey-Güney olarak bölünmesinden UNMIK'i sorumlu tutuyormuş. Bundan sonraki savaşın BM ile Arnavutlar arasında olacağı boşuna denmiyor demek ki. Birileri şimdiden bunun ateşini karıyor. Çok belli. Afrim de diğer Arnavutlar gibi, yabancıların onlar için burada olduğunu zannediyor. Bu insanların buna inanması için bu toplumda bir devlet adamı eksikliği ve aklı selim insanların sindirilmiş olması gerekir gibime geliyor. İnsanlara yanlış hedefler gösteriliyor. Çoğu, gerçeklerin farkında değil. Kimse Arnavutlar eziliyor gibi ulvi bir nedenle gelmedi buraya. Avrupa'nın dibinde yeni bir savaşın yaratacağı istikrarsızlık, Bosna Savaşı'na geç müdahalenin Avrupa kamuoyunda yarattığı suçluluk hissi, NATO'nun harekete geçmezse saygınlığını kaybetmesi olasılığı, hepsi bir faktördü, yoksa kimse Arnavutlara bayılmıyor. Ve bence sonuçta Kosova bağımsız olacak, çünkü BM burada adam kaybetmeyi göze alamaz. Bu insanlar artık Sırplar'la olamıyor. Ancak o bağımsız Kosova'da Arnavut olmayanların durumunun ne olacağı, böyle dikenli tellerle çevrili yerlerde nasıl yaşamaya devam edecekleri de başka bir sorun. Ben kendi adıma bir çözüm göremiyorum.

25 Ocak 2001

En sonunda Kosova'da olmak canımı acıtmıyor. Niyeleri bıraktım artık. Kosova ile barıştım. Bunda belki Patrice'in hayatıma girmiş olmasının etkisi vardır. Şüphesiz kafamdaki soru işaretleri azaldı. Tarihin yapıldığı yerde, BM'nin ilk kez geçici idareyi üstlendiği bir misyondayım. İleride bir gün bunu söyleyebilmek güzel olacak. İşimi çok seviyorum. Bunu da söyleyebilmek ilginç bir şey aslında. Beş ay daha buradayım, sonrası meçhul ama yine de memnunum. Bir şeyleri değiştirebilmek güzel, burası gibi gelişmekte olan ülkelerde durumu normalleştirmeye çalışanlar hemen sonuç alabiliyorlar, "fark" yaratabiliyorlar. Normal yerlerdeyse hiçbir şey değişmiyor, "fark" yaratılamıyor. Bir zamanlar "lider, değişimi gerçekleştirebilendir" diye bir şey okumuştum. İnsan burada kolayca lider olabilir.

Pazartesi günü Demiryolları'nın geleceğinin tartışıldığı seminere üç tane Sırp elemanın gelmiş olması -ilk defa bir şeyi boykot etmemiş olmaları- nasıl da hepimizi mutlu etti. Patrice ve ben BM amblemli arabamızla onları almaya gittik ve BM'nin kapısına kadar bıraktık. Öyle kötü bir durumdalar ki, "Hadi, ben arabayı park edeyim, siz içeri girin" diyemiyorsun. Birisi Sırpça konuştuklarını duyup, bir şey yapabilir diye Patrice onlara eşlik etti, ben de arabayı park ettim. Seminer bitiminde hepsi gözümün içine bakıyordu ve sonunda zaten "Bizi eve bırakacak mısınız?" diye sordular. İçim parçalandı. Eğer Transport'tan araba bulamasaydım elbette bırakacaktım. Durumlarını anlatınca, Transport'un başındaki İrlandalı adam -Arnavut şoförlere güvenmediği için mi acaba?- bizzat geri götürdü onları. Duygulanmamak elde değildi. Hayat tuhaf. İnsan en temel ihtiyaçları olan bir yerden bir yere gitmeyi bile can korkusu nedeniyle yapamadıklarını görünce her şeyi boykot etmelerini bir derece anlayabiliyor. Ama hiçbir şeye katılmazlarsa, kararlar onlar olmaksızın alınacak ve daha da kötüsü katılımlarının olmadığı bu kararlar onlara uygulanacak. Evet, bu daha da kötü ve bunun farkında değiller.

26 Ocak 2001

Bu sabah kuzeydeki Zvecan'dan Kosova Polje'ye gelen, Sırpları getiren ve bu sayede onlara biraz olsun hareket özgürlüğü sağlayan trenin varış saatinde Kosova Polje'deki Demiryolları binasındaydım. Trenin gelmesinden yarım saat evvel askerler peronda önlem almaya başlamıştı. Binanın dışındaysa iki zırhlı araç ve ayrıca bir kamyon asker bekliyordu. Etraftaki başka askerleri saymıyorum bile. Çok tuhaf bir görüntüydü. Yani Sırpların trenden saldırıya uğramadan inebilmeleri için bir ordunun onları korumasına ihtiyaç duymak ne kadar saçma bir şey. Bu koruma önlemlerine, Arnavutların tren raylarını bloke ederek, treni durdurup bir saldırı yapmaya kalkışırlarsa yolcuları korumak üzere kompartımanlara serpiştirilmiş KFOR askerlerini, hiçbir Arnavut'un trene bindirilmediğini, hatta treni KFOR'un makinistlerinin kullandığını da eklemek gerek. Zaten geçen günkü seminerin en önemli konularından biri, KFOR eskorta devam etse de, en azından trenlerin idaresinin ve kondüktörlüğün sivillere bırakılma zamanının artık geldiğiydi.

Demiryolları binasına bana gereken Sırpça bir kanunu almak için gitmiştim. Ancak Arnavut görevliler bana Sırpça hiçbir şey vermek istemedikleri için önce bu kanun Arnavutça'ya tercüme edildi. Halbuki ben onu BM'de Sırpça'dan İngilizce'ye hemen tercüme ettirebilirdim. Ayrıca Kosova Polje'nin Arnavutça adı olan Fushe Kosove'yi kullanmadığım için kızdılar[23]. Ben de dayanamayıp, bu saçmalıklara boş vermelerini, Sırpların komşuları olduğunu ve onlarla iyi geçinmek zorunda olduklarını, birlikte yaşayacaklarını söyledim. Yine, "Onlar bizi öldürdüler" başladı. "Evet, ama savaş artık bitti" dediysem de kimseye dinletemedim.

Şunu da eklemeli, Sırp demiryolu işçilerinin çalıştığı binayla Arnavut işçilerin çalıştığı bina ayrı. Timi adlı genç Arnavut tercüman beni gezdirirken bu durumun Amerika'da siyah-beyaz eşitliği sağlanmadan önceki döneme benzediğini ve buna inanamadığımı söyledim. Timi, olgun bir şekilde, "Zaman alacak" dedi. Nüfusu bu kadar genç olan bir yerde, gençlerin böyle düşünmesi iyiye işaret. Ümitleniyorum.

16 Mart 2001

Geçen hafta sonu Halkla İlişkiler'den sorumlu yeni elemanımız Eleanour ile Skenderaj'a gittik. Skenderaj, Priştine'nin hemen batısında Drenica adı verilen bölgede yer alıyor. Drenica Sırplara karşı silahlı ilk direnişin başladığı milliyetçi bir yer. Zaten PDK'nin belediye seçimlerini farklı kazandığı bölge de burası. Priştine'de bazı otobüs duraklarının üzerinde de bunu hatırlatmak için "Drenica 1998" yazar.

Yol o kadar bozuktu ki, gidene kadar midemiz alt üst oldu. Dönüşte arabayı Eleanour'a verdim, kullanacak halim kalmamıştı doğrusu. Yolda bir tarlanın ortasında duran iki tane Yugoslav tankı gördük. Tam anlamıyla gerçeküstü bir görüntüydü. Yani eski Yugoslavya orada öyle duruyor. Yakından bakmak istedim ama Eleanour'un 'depleted uranium'u[24] hatırlatması üzerine vazgeçtik. Tozlarla temas halinde bulaştığı söylendiğine göre bu tankların tozunu yutmak iyi olmayabilirdi.

Bize hep anlatılan ünlü Arnavut kahraman Adem Jashari'nin Yugoslav ordusu tarafından kuşatılıp öldürüldüğü, şimdi anıta dönüştürülmüş yeri görmek için Skenderaj'a gitmiştik. Asi bir Arnavut milliyetçisi olan Adem Jashari'nin ailesinden 39 kişi de kendisiyle birlikte öldürülmüş. Ahırı, birkaç evi ile birlikte, tüm ailenin birlikte yaşadığı kocaman bir çiftlik. Her yer kurşun, bomba ve şarapnel izleriyle delik deşik. Şimdilerde aileler çocuklarıyla burayı ziyarete gelip, Adem Jashari ve ailesinin hayatı boyunca düşmanı olduğu Sırplar'a karşı nasıl kahramanca savaştığını, en sonunda kendisine Kosova'dan ayrılması için ültimatom veren ordu mensuplarına da "Kosova'dan ayrılacak birisi varsa bunun kendisi değil, işgalci Sırplar olduğu" mesajını gönderdiğini ve bunun üzerine evi kuşatan güçlerle savaşarak öldüğünü öğreniyorlar. Biz de bunları bizim gibi yabancılar için bastırılmış bozuk İngilizceli broşürden öğrendik.

Evin çok yakınında yürürken yanmış başka evler de gördük. Evlerden birinin avlusuna yaklaşınca, etrafının "Dikkat, mayın" yazan iplerle çevrili olduğunu gördük. Kosova'da bir yerleşim yerinin içinde ilk defa bu yazıyı görüyorum. Üstelik BM geldiğinden beri aradan bunca zaman geçmesine rağmen, bu mayınların burada olduğu bilindiği halde, hiçbir şey yapılmamasına inanamıyorum.

Bir iyimser, bir kötümser, ben de kendime şaşırıyorum artık. Patrice ile işlerin yoğunluğundan fırsat bulup, bayram tatiliyle birleştirerek Yunanistan'a tatile gitmek, Korfu adasından Selanik'e kadar uzanmak, Yunanistan'ın en popüler hiking vadisinde yürüyüş yapmak çok keyifliydi.

Ancak buraya dönmek için Selanik'teki otelden çıkarken sohbet ettiğimiz otel görevlisi Kosova'da çalıştığımızı öğrenince, "Nereye gidiyorsunuz, Makedonya-Kosova sınırında çatışma çıktı, sınır kapalı" dediğinde tam bir şok yaşadık. Hemen bir internet kafe bulup haberleri kontrol ederek ve Priştine'yi arayarak, ne yapacağımıza karar vermeye çalıştık. Hepsi de bayram tatili nedeniyle bir yerlere gitmiş olan 360 kadar BM mensubunun Üsküp'te mahsur kaldığını böylece öğrendik. Selanik'te sokakta yürürken rastladığımız[25] ve Kosova'dan tanımasak da, göz aşinası olduğumuz diğer BM görevlilerinden bilgi almaya çalıştık. Üsküp'teki otellerde herkese yetecek kadar yer olduğu şüpheliydi, dolayısıyla Selanik'te bir gece daha kalmaya karar verdik. Bu arada vizemin bittiğini ve Yunanistan'da illegal konumuna düştüğümü de söylemeliyim. Ama bir yandan da sınırdaki görevliye dünyanın en geçerli mazeretini gösterebilecektim: Savaş!

Ertesi gün ettiğimiz telefonların ardından, sınır açılmamış olsa da, herkes Üsküp'te mahsurken biz Selanik'te eğleniyor durumuna düşmemek için, ayaklarımız geri geri gitse de, dönmeye karar verdik. Sınırdaki Yunanlı polise vizemin bittiği gün savaş çıkmasının benim suçum olmadığını kolaylıkla anlatıp, BM kimliğimi de gösterince sorun olmadan Üsküp'e döndük. Şansımıza Kosova sınırının birkaç saat önce açıldığını öğrendik. Sınırın açılması uzayınca BM bazı elemanlarını helikopterle Priştine'ye gönderdiğinden, birçok kişi arabasını Üsküp'te bırakmak zorunda kalmıştı. Bu durumda biz de kiraladığımız arabayı Üsküp'te bırakıp, BM ofisinden Priştine'deki sahibine götürmemiz için bize verilen bir arabayı alarak rahatça geldik. Selanik'te gezdiğimiz çarşıda gözlerimiz yuvalarından fırlamıştı ve aldığımız zeytinyağı, peynir, enginarlar da rahat rahat geldi bu sayede. Ancak geldiğimizden beri -ki dokuz gün oluyor- olaylar iyice tırmanmaya başladı. Sınır kapanması yinelendi. Allah'tan bu kez KFOR ile BM personeli bunun dışında tutuldu. Ama artık tek eğlencemiz olan hafta sonları Makedonya'ya, yani normal bir yere gitme imkanını kaybetmiş durumdayız. Zaten Makedonya da artık normal bir ülke değil.

Olay şu anda sınır boyundan Tetovo'nun şehir merkezinde silahlı çatışmaya kaymış durumda. Daha bir ay önce tepesinde kayak kaymaya gittiğimiz Tetovo. Meydanından birçok kez geçip Mavrovo'ya (göle) ya da Popovaşapka'ya (dağa) çıktığımız şehir. Dağa kıvrıla kıvrıla çıkan o virajlı yol, şimdilerde Arnavut gerillaların barınağı olmuş. Haberlerdeki görüntüleri izleyip tanıdık yerleri görünce insan daha da şaşırıyor. Tetovo öyle zavallı bir köy de değil. Koskoca bir yer, Makedonya'nın ikinci büyük şehri. Akıl almaz bir olay. Bütün bunlar, Patrice'in Mayıs sonunda dönecek olmasıyla birleşince ben de Haziran sonunda kontratım bitince ayrılmaya karar verdim.

Şu sigorta işi için hafta sonları dahil ne kadar çok çalıştım. Ama geçen gün Medere'de bir otobüse bomba konulup 10 kişinin havaya uçması veya Mitrovica'da birilerinin diğerlerine saldırması sonucunda, sigortacılarla yine başladığımız yere döndük. Bir adım ileri, iki adım geri gitmekten bıktım artık. Demiryollarına sigorta bulmak için dış dünyayla, özellikle Londra sigorta piyasasıyla temas halinde olduğum için belki de bu durumu en çok ben hissediyorum. Bazen öyle bir cevap gönderiyorlar ki, insan hem burayı bu kadar takip etmelerine şaşırıyor hem de insanların Kosova'ya nasıl baktıklarını bir kez daha anlıyor. Tam sigortalamaya razı olur gibi bir noktaya gelmişken yeni bir olay patlıyor ve yeniden vazgeçiyorlar. Sonuçta da bir süre sonra insan beziyor, sertleşiyor ve daha da kötüsü kayıtsızlaşıyor. En sonuncusu, yani kayıtsız, aldırmaz bir noktaya sürüklenmek, hiç kuşkusuz en kötüsü. Çünkü o zaman ne kendine ne başkalarına ne de Misyon'a faydan oluyor. İşte gitme zamanının geldiğinin en iyi işareti bu...

Çarşamba-Perşembe Kuzey Mitrovica'da yine olaylar vardı. Daha geçen Pazar oradaydık. Kendilerine "köprü gözlemcileri" diyen Sırp serserilerin oturduğu kahvede oturmuş kakao içiyorduk. Böyle denmesinin sebebi, Güney'den Kuzey'e geçilen tek ana köprünün karşısında olması. Bu gözlemciler KFOR'un geçiş izni verdiği insanları tekrar bir incelemeden geçiriyor ve beğenmedikleri adamları içerlere sokmuyorlar. Amaç biraz da, kendilerine bu kontrolle meşruiyet kazandırmak, KFOR'a onların başına iş açma gücüne sahip olduklarını hatırlatmak... Oturduğumuz kafede perdeler gündüz olmasına rağmen kapalıydı. Dolayısıyla yeterince ışık yoktu içeride. Meğerse sebebi oraya takılan bu karanlık tiplerin pek kimse tarafından görünüp tanınmak istememeleriymiş. Ayrıca Güney'den nişan alınma olasılığı da varmış. Yani biz de kim vurduya gidebilirdik orada. Bunlar gerçekten saçma, akıl dışı olaylar.

Şu anki durumumuz da öyle. Bugün arabaya sadece yarım depo benzin verildi. Sınırın kapalı olması nedeniyle normal koşullarda değil, abluka altında olduğumuzun göstergesi. Benzini idareli kullanmamız lazım. Bu güzel havada Makedonya'ya gitme yasağı konmuş olması çok delirtici. Normal bir hayat olan biricik yere, moral bulmak için gittiğimiz yere artık gidemiyoruz.

Gazetelerde sürekli NATO'nun kurtarmaya gittiği Arnavutların şimdi düşman Arnavutlar haline geldiğine ilişkin yazılar okuyoruz. İşin aslı şu ki, NATO buraya yarım ağızla, gönülsüzce geldi. Öyle olduğu için de güvenliğini sağlamaya geldiği insanların değil, kendi adamlarının güvenliğiyle daha çok ilgilendi. Yani hiç kayıp vermeme politikası güttü, kesin hedefler belirlemedi. Böylece bunu kullanıp manipüle etmesini bilenler tarafından gülünç duruma düşürüldü. Ya hiç gelmeyecekti, ya da gelince tüm gücüyle/gönlüyle, siyasi desteğiyle gelecekti. Gerçek şu ki, Amerika'yla kıyaslandığında Avrupa'daki kamuoyu NATO'nun üstüne düşeni yapması fikrine çok daha açık. Ama işin içinde Amerika olunca Avrupalılar da kayıp vermeme politikası gütmek zorunda kaldı ve işte sonuç. NATO'nun Kosova'ya girerken amaçladığı hiçbir şey gerçekleşmedi. Sırplar ve diğer azınlıklar kuşatma altında, zaten çoğu kaçmış. Mafya ve kaçakçılık diz boyu. İnsanlar hala polise güvenmiyor. Liste böyle uzayıp gidiyor. Etnik nefreti de unutmamalı.

1 Nisan 2001

Patrice ile Cuma günkü İstanbul gezimizi iptal etmek zorunda kaldık, çünkü güvenlik nedeniyle Üsküp'e BM otobüsü dışında hiçbir araçla gitmemize izin verilmedi. Otobüs saati uçak saatine uymayınca da kalmak zorunda kaldık. Artık hakikaten buradaki hiçbir şeye tahammülüm kalmadı. Her şey batıyor ve asabımı bozuyor. Örneğin bu sabah elektrik yoktu. Havalar ısındığı için uzun zamandır elektrik kesintisi yaşamıyorduk halbuki. Elektrikli fırın çalışmayacağı için kahve içemeyeceğimi düşünüp sinirlendim. Oysa Patrice hemen gidip küçük bir gaz ocağı almayı akıl etti ve böylece sorun çözüldü. Olay şu ki, bunu ben de akıl edebilirdim, ama artık bu tür sorunlarla uğraşmaktan ve bunları önemsememeye çalışmaktan bezmiş durumdayım. Gaz ocağı beş dakikada alınıp çalıştırılınca durumun o denli vahim olmadığını anladım ama işte artık sabrımın taştığını fark ediyorum. Hafta sonları yapacak hiçbir şey olmaması da çok bunaltıcı. En önemli yenilik bir sinemanın açılmış olması ama gösterilen filmler rezalet.

Oturduğum evin sahibinin annesi Kanada'dan dönünce, buradaki son iki buçuk ayım için yeni bir eve taşınmak zorunda kalmak canımı sıktı. Her ne kadar yeni ev eski evimin hemen yakınında olsa da... Bu arada yeni evin mutfak musluğunda elektrik kaçağı olduğunu fark ettim. Şu anda bulaşıkları banyoya taşıyıp orada yıkamam gerekiyor. Yandaki komşu belli ki savaşta evini kaybettiği için Priştine'ye gelmişlerden. Tek odalı evde 8 kişi kalıyorlar. İnanılmaz bir gürültü ve sürekli bir bağırış, çağırış. Yeni ev sahibim, ki Türk bir kadın, "Köylü bunlar, hepsi savaştan sonra doldular buraya, mahvettiler Priştine'yi" diyor. Ev sahibinin getirttiği tesisatçıya göre elektrikli ocaktan kaçak oluyormuş. Ocağı prizden çekince kaçak olmuyor. O yüzden suyu kullanırken ocağı prizden çekiyor, ocağı kullanırken de suyu kullanmıyorum. Öyle takılıyoruz işte. Evler öyle eski, altyapı öyle kötü ki, aslında şaşmamak lazım...

Buradaki insanlar ve onların anlamsız tepkileri de asabımı bozuyor. Makedonya'daki Arnavut gerillalar hakkında ne düşündüğümü soran birisiyle uzun bir tartışmaya girdim ve söyledikleri karşısında hem afalladım hem de korktum. Makedonya'daki Arnavutlar'la Kosova'dakilerin durumunun ne kadar farklı olduğunu, yani Miloseviç'in Kosova'ya Arnavutları öldürmeye gelmiş olmasıyla Arnavutların Makedonya'da eşit haklara sahip olmamalarının bambaşka şeyler olduğunu anlamıyorlar. Sonuçta Makedonya kaç yıldır bağımsız, kaç yıldır komünizm yok, bunları düşünmeden, "On yıldır politik mücadele yapılıyor, hiçbir şey değişmedi. O zaman silahla mücadele ederiz" mantığı var. Sanki Makedonya'nın Slavları için her şey harika da, sadece Arnavutları için kötü.

Her ne kadar insanların değişime aç ve bekleyemeyecek kadar sabırsız olmaları anlaşılır bir durumsa da bazı şeylerin uzun mücadelelerle elde edilebileceğini anlamak istemiyorlar. Hepsi "köle" gibi yaşamaktansa savaşmaktan yana. Makedonya'daki Arnavutların "köle" olmadığını anlamıyorlar. Kosova'daki Arnavutların Sırplara (Slavlara) karşı mücadelesi ilham olmuş hepsine. Zaten Slavlar sadece şiddetten anlarmış. Hele bizim Afrim'in "Belki biz öleceğiz, ama herkes de bizimle birlikte ölecek" demesi kanımı dondurdu. Öyle inanmışlar ki on yıl politik mücadele sonrasında silaha sarılmanın doğru olduğuna, ne dediysem fayda etmedi. Bunun iki halkı kutuplara sürükleyip, herkesi taraf seçmeye zorlayacağı, şiddetin şiddet doğurup, Slavlar'la onları daha da yabancılaştıracağı, oysa ılımlı Makedonyalıları da yanlarına alarak daha kolay hedeflerine ilerleyebileceklerini anlatmaya çalışıyorum ama nafile. Hayır, hayır. Kimse anlamıyor. Hatta tam tersine Slav tezlerinin etkisi altında olmakla suçlandım. Ayrıca zaten ılımlı Slav falan olmazmış, hepsi faşistmiş. En sonunda üzgün bir şekilde bıraktım tartışmayı.

Çok tehlikeli bir durum bu. Ne zaman bir haksızlık olsa, silahlara başvurup biraz ses getirince Batı'nın müdahale edeceğinden eminler. Nasıl bu kadar emin olabiliyorlar? İşin kötü tarafı Batı da bunu anlayıp işi müdahale etmesi gereken yerde müdahale etmemeye götürecek. Bu konuşma o kadar asabımı bozdu ki bütün gün bunaldım. Sonra akşam BBC'de Koha Ditore gazetesinin editörü ile yapılan söyleşiyi dinledim de içime biraz su serpildi. Ev sahibim de Afrim gibi sivri konuşanların iş başa düştüğünde ilk kaçan olacaklarını, o kadar da dert etmememi söyledi. Yine de bu körlük beni yıldırıyor. Bunun yanında şu laf da kanımı dondurdu. "Sırpların başımıza geri geldiğini görmektense, karımla çocuklarımın ölüsünü görürüm." Tam tersi olması gerekmez mi?

6 Mayıs 2001

Paskalya'da İstanbul'a ve 1 Mayıs hafta sonu için de Karadağ-Hırvatistan-Bosna'ya gittiğimden beri burası daha dayanılır bir yer oldu. Özleyeceğimi bildiğim şeylerin keyfini çıkarmaya çalışıyorum artık. Mesela bir daha nerede dün akşamki gibi bir Karayip-Afrika partisi ve giyilen ulusal kıyafetleri üstlerine bu kadar yakıştıran insanlar bulacağım?

Bir dahaki hafta Makedonya'daki Ohrid Gölü'ne gitmek istiyoruz ama bu şartlar altında zor gözüküyor. Bir aylık bir aradan sonra çatışmalar yeniden şiddetlenmiş durumda. Bahar Balkanlar'da çatışma mevsimiymiş. Karlar eriyince dağlarda saklanan gerillalar yine saldırmaya başlarmış. Tahmin edileceği üzere olay fena halde uçlaşmaya başladı. Makedonyalı 8 askerin -ki şimdiye kadarki en yüksek rakam- cenaze töreninden sonra Manastır'da Arnavutların dükkanları yağmalandı, Üsküp'te Arnavut dükkanlarından birinde bir adam öldürüldü. Artık Slavların da para-militer örgütleri var sivil Arnavutları öldürmek için. Bu işin bu noktaya varacağını görmemek için aptal olmak lazımdı, ama işte burası aptallarla dolu. "On yıldır demokratik taleplerle bir şey değişmedi" diyerek hala şiddeti savunuyorlar. Medyada Arnavut dükkanlarını yağmalayan "ırkçı Makedonlar"dan söz ediliyor. Bu kadar sorumsuz, taraflı gazetecilik görmedim. Tabii buna gazetecilik denirse. Bazen AGİT'de Simon'ın teklifini kabul edip onunla çalışsaydım keşke ve bunların hepsine hadlerini bildirseydim diyorum. Adam müthiş. İsviçre'de çıkan inanılmaz infial üzerine Bota Sot'un yazılarının toplanmasını sağladı! Hem de orada!

Bu arada Balkan gezimizden de bahsetmeliyim. Öncelikle tarafsız bir plakası olan bir araç kiralamamız gerekiyordu. Zaten BM plakalı araç alamazdık çünkü Yugoslavlar Kosova'nın kendi kontrollerinde olmadığını hatırlatan hiçbir şey görmek istemiyorlar. KS plakalı arabalar zaten Kosova dışına çıkamıyor. Araştırıp Danimarka plakalı bir araba kiralama şirketi bulduk. Sınıra geldiğimizde hava kararmıştı. Kosova'daki son KFOR kontrol noktasında epey bekledikten sonra binbir BM uyarı tabelası eşliğinde, Kosova ile Karadağ arasındaki tampon bölgeye girdik. Tampon bölge öyle karanlık, korkulukları pas tutmuş, in-cin top oynayan bir yerdi ki, bir an korkudan geri dönmek istedim. Tampon bölgede bizden başka bir tek eşek sırtındaki kutulardan sigara kartonları indiren kaçakçılar vardı. Korku filmi gibiydi. Git git bitmedi.

Karadağ'daki ilk polis noktasına vardığımızda polisin hemen yanında Sırp/Yugoslav ordusunu gördük. Ordu bizimle ilgilenmediği gibi Karadağ polisi de pasaportumuza bile bakmadı. Sadece arabanın kağıtlarını görmek istediler. Gece vakti kendimizi güvende hissetmediğimiz bir ülkede başkent Podgorica'ya gidene kadar yolda birçok kez polis durdurunca ben iyicene tedirgin oldum. Üstelik polis tek kelime İngilizce-Almanca-Fransızca bilmiyordu ve o yüzden konuşmalarımız çok sınırlıydı. Patrice bütün konuşmalara Sırplar ve Karadağlılar

İkinci Dünya Savaşı'ndan kalma bir dayanışma nedeniyle Fransızlar'ı sevdiği için, "Bonjour" diye girip, arabadan iniyordu. Amerikalılar gibi İngilizce konuştuğumu iddia ettiği için, ben Amerikalı sanılmamamız için arabada bekliyordum. O, gerçek maço bir Balkan erkeği gibi, polisle konuşurken, lafa hiç karışmıyordum. Sadece insani yardımla uğraşan yabancıların oraya gitmesine alışık olduklarından olsa gerek, onlar "Humanitaria?" diye soruyorlar, o da kafasını sallıyordu. "Hangisi?" diyorlar, cevap "Demiryolları" oluyor. Elbette cevabı anlamıyorlar, böylece geçip gidiyoruz. Onlar BM'yi duymak istemiyor, biz de söylemiyoruz. Komik bir durum. Fransa'dan motosikletini Kosova'ya getirirken Karadağ'dan daha önce geçmiş olan Patrice, polisin bizi bu kadar çok durdurma nedeninin, rüşvet istemek için olduğunu söyledi. Bazen Patrice'in polisle sigara içmesi ve rüşvet istediklerini anlamazdan gelmesi gerekiyordu. Bu sırada, ben de karanlıkta arabada edilgen kız arkadaşı olarak huzursuzca bekleşip, ne olduğunu anlamaya çalışıyordum.

Bir ara tünellerden birindeki bir onarım çalışması nedeniyle gece karanlığında 1,5 saat beklemek zorunda kaldık, zira trafik tek şeritten veriliyordu. O sırada önümüzdeki arabada bulunan Karadağlı gençlerle sohbet ettik. "Yugoslavya yara aldı, o yaraları iyileştirmeye çalışıyoruz ama belki burada da bir savaş olur" dediler. Tam Karadağ seçimleri sonrası oradaydık. Her yerde bağımsızlık yanlısı Djukonoviç'in ilk ismi olan Milo yazılıydı. Ben de "Balkanlar'da yeterince savaş oldu" dedim. "Belli olmaz" dediler. Anladığımız kadarıyla bir çoğu kaçak olarak İtalya'ya gidip çalışmış, yakalanınca geri gelmişler ama yine gitmek istiyorlardı.

Ertesi sabah uyanıp yola koyulduğumuzda Karadağ'ın ne kadar güzel bir doğaya sahip ve turizmle hiç bozulmamış bir yer olduğunu gördük. Yeşil, az nüfuslu ve bakir. Dağlar, göller kartpostal gibi. Kıyıya taş bir yolla bağlanmış San Stefan adlı bir ada ise tek kelimeyle muhteşem. Adayı gezdik, sahilde yüzdük ve ardından her hangi bir sorunla karşılaşmadan Hırvatistan'a, Dubrovnik'e geçtik. Tek kelimeyle bayıldım Dubrovnik'e. Hem çok güzel, hem de iyi korunmuş. Her yerde Yugoslav ordusunun saldırısı sonucu zarar görmüş şu binaya, bu esere dair yazılar. Meydanlar yine de dolu, normal bir hayatın izleri var. Katolik kültürünün izlerini taşıdığı için bana biraz İtalya gibi geldi. Bütün Dalmaçya kıyısı çok sevimli aslında. Hırvatistan kesinlikle tekrar gidilmesi gereken bir yer.

Dubrovnik'te bir gece kaldıktan sonra Bosna'ya doğru yola koyulduk. Yol sahilden girdikten sonra Mostar'a kadar nehir kenarından gidiyor. Nehir turkuvaz rengi. Bosna'ya girer girmez tahribat başlıyor ve insanı büyük bir hüzün kaplıyor. Her köy, her ev, her şey yanmış, yıkılmış. Savaştan öncesini hayal etmeye çalışıyorum uzaklardaki bazı boş köyleri gördükçe. Bosna-Hersek Cumhuriyeti'nin Boşnak-Hırvat bölgesindeyiz ve etraftaki kiliselerden Hırvatların yaşadığı bölgelerden geçtiğimiz anlaşılıyor. Tüm yaşananlara rağmen buradaki Hırvatların milliyetçi olduğu her Hırvat köyünde/restoranında/benzin istasyonunda bayrak olmasından belli. Üstelik bayrak Hırvatistan bayrağı, Bosna-Hersek'in değil. Elbet herkes istediği bayrağı asar ama içinde yaşadıkları ülkeyi değil de Hırvatistan'ın bayrağını asmaları, üstelik tüm bu yaşananlara rağmen kendilerini Bosna ile özdeşleştirmemeleri üzücü.

Etraftaki tahribattan neresinin şehir merkezi olduğunu anlayamadığımız Mostar'a varıyoruz sonunda. Önce şaşkın şaşkın, delik deşik, harap binalara bakakalıyoruz. Sonra da turkuvaz nehir üzerindeki camilerle dolu eski Mostar'ı görüyoruz ve çok sempatik buluyoruz. Osmanlıların yaptığı ve Hırvatların savaş sırasında bombaladığı ünlü köprü, nehre düşmüş taşlar teker teker toplanarak yeniden inşa ediliyordu. Üstelik Türk hükümetinin de maddi katkılarıyla. Eski köprünün yerine şimdilik demir bir köprü iş görüyor. Şehir nehirle Mitrovica gibi ikiye bölünmüş. Bir tarafta Boşnak/Müslümanlar, diğer tarafta Hırvatlar varmış. Ortam halen biraz gerginmiş ama biz pek bir şey hissetmedik. Sonuçta Mitrovica gibi teller, askerler filan yoktu ve insanlar serbestçe bir taraftan diğerine geçebiliyordu.

Mostar'daki köprüyü görünce, Komisyon'daki arkadaşım Henrik'in anlattığı hikayeyi hatırladım. Savaş sırasında orada AGİT için gözlemcilik görevi yaparken Müslümanlar, Hırvatların köprüyü bombalayacağına dair istihbarat almış. Şehrin kimliğinin bir parçası olan bu eski köprünün hedef seçilmesine inanamamakla birlikte, bir kamera koyarak köprüyü 24 saat videoya çekmeye başlamışlar. Ve sonunda maalesef köprü bombalanmış. Henrik, bu haberden sonra Müslümanların toplandığı bir yere davet edilmiş. Görüşmek üzere girdiği odadaki herkes ağlıyormuş. Adamlardan biri Henrik'e bir kaset uzatmış, bunun köprünün bombalanma kaydı olduğunu söylemiş ve kaseti yabancı haber ajanslarına iletip iletemeyeceğini sormuş. Yabancı gözlemci olarak Henrik'in hareket kabiliyeti varmış tabii ama üstünde böyle bir kasetle yakalanması inanılmaz bir risk. Henrik kabul etmiş ama yakalanmayacağından, daha doğrusu ihbar edilmeyeceğinden emin olmak için o sırada odada bulunanların kendisi geri gelene kadar oradan ayrılmayacağına ilişkin söz verilmesini istemiş. Kabul etmişler tabii. Hırvat kontrol noktalarından geçerken kalbinin nasıl attığına, nasıl üstünde bir şey olmadığına ilişkin yalan söylediğine, aranmadığına ve kaseti nasıl ulaştırdığına kendi bile inanamıyor. Herhalde hepimizin televizyonlarda defalarca seyrettiği o görüntülerin öyküsü de işte böyle...

Mostar savaş sırasında dokuz ay kuşatma altında kalmış. Saraybosna kuşatması daha ünlü olduğu için Mostar kuşatması pek bilinmiyor ama inanılmaz bir tahribat yarattığı ortada. Eski şehirde gezerken bütün binalarda şarapnel ve roket izlerini görüyoruz. Hala, aradan bunca zaman geçmiş olmasına rağmen kiminin yarısı yok, duvarları delik deşik. Şehir karakterini yine muhafaza etmiş biraz hüzünlü olsa da. Patrice ile Bosna'daki bu tahribatı görünce öyle şaşırdık ki, bir kez daha Kosova'daki, hala şiddeti savunan Arnavutlara ne kadar kızdığımızı konuştuk. Burasıyla kıyaslanınca Kosova'da savaş olmuş denebilir mi? Buradaki Müslümanlarla Hırvatlar asker kontrolü olmadan bir yakadan diğer yakaya geçebiliyorsa, Mitrovica'dakiler niye geçemiyor? Bu insanlar yeniden birlikte yaşayabiliyorsa, Sırplar ile Arnavutlar niye yaşayamasın? Anlamak mümkün değil.

Mostar'da bir gece kaldıktan sonra Saraybosna'ya doğru yola koyulduk. İki şehir arasındaki yeşil ve dağlık yol, iki saat kadar sürdü. Yine bir sürü yıkık-yanık yerden geçtik. Mostar'ı harap zannederken, Saraybosna'da bambaşka bir tahribat gördük. Üç buçuk yıl süren, modern zamanların bu en uzun kuşatması gerçekten çok zarar vermiş şehre. Bomba, roket veya şarapnel isabet etmemiş bir tek bina yok. Onca yıllık onarıma rağmen hala çok harap bir hali var. Şehrin bu hüzünlü hali insanın kalbini hemen fethediyor. Sokaklarda insan boyunda taşlarla yaşlılar parklarda satranç oynuyor, etraftaki kiliselerle camiler insana bir kardeşlik ve normallik havası veriyor. Ancak bir yandan da kopuk bacaklarıyla ortalıkta dolaşan bir sürü insan ve savaşta ölenlerin anısına dikilmiş anıtların başında hep yanan ateşler var. Sabah bakkalın tekinden sigara alırken, adamın elinin plastik olduğunu fark edip irkildik. Sürrealist görüntüler bunlar. Viyana'ya bir saat uzaklıktaki bir yerde böylesi bir vahşetin üzerinden daha on yıl bile geçmemiş olması insanın asabını bozuyor. Buna rağmen bir cıvıltı, bir normallik var havada, nasıl olduğunu bizim de anlamadığımız. Her şeyin üzerine bir set çekip normale dönme arzusu mu bu? Oysa Bosna'nın durumu siyasi olarak hiç de iyi değil. Üç ulus arasındaki dengeleri sağlamak için uğraşan Dayton Anlaşması aynı zamanda dünyanın en karmaşık demokrasisini yaratmış. Siyasi istikrar olmadığı için de işsizlik ve üretimsizlik çok ileri boyutlarda. Ancak yine de göçmenler sayıları giderek artarak geri dönüyor. Üstelik kendi etnik grupları azınlıkta kalmışsa bile eski yerlerine dönüyorlar. Herhalde bu normallik veya normalleşme arzusu nedeniyle SFOR[26] askerlerini sosyal hayatın içinde görmek mümkün. Kosova'daki anormallik nedeniyle cafede oturup kahve içme izinleri bile olmayan KFOR askerleri gibi değiller.

Saraybosna biraz Türkiye'nin dışa açılmaya ilk başladığı 80'li yılların sonlarını hatırlattı bana. Özellikle Bosna'nın ilk büyük alışveriş merkezi olduğu söylenen yer, büyük otoparkı ve diğer her şeyiyle, açıldığında olay olmuş İstanbul-Ataköy'deki Galleria gibiydi. McDonalds ve Benetton'un ilk açıldıkları zamanı hatırladım. Bu tür yerlerin burada yeni açıldığı düşünülürse, insanların Türkiye'yi ne kadar gelişmiş, ilerlemiş bulduğuna şaşmamak gerek. Buralarla kıyaslanınca, sanayisi, hizmet sektörü, altyapısı canavar gibi Türkiye'nin. İyi-kötü kalkınmış. Elbet bunu Güneydoğu için söylemiyorum.

Saraybosna'da herkesin bayıldığı 'Türk Mahallesi' benim için hiç de ilginç değildi, çünkü gerçekten de aynı Türkiye gibiydi. Buraları gördükçe Türkiye'nin Avrupalı olmadığının söylenmesi, cehaletin ta kendisi gibi geliyor. Türklerin Almanya-İtalya çizgisinin doğusundaki kültürel mirasının en bariz örneği buralar. Osmanlı camilerinden, çeşmelerine, pazarlardaki havaya, genel atmosfere, böreklere, ayran gibi ufak tefek şeylere, her cümledeki "hayde"lere kadar. Babamın isminin Boşnak kökenli olduğunu da böylece öğrendim. Bu sayede büyükbabamın Saraybosnalı olduğu tezi kanıtlandı.

Saraybosna'da bir sürü Türk gördüm. Ucuz otel ararken, Batı Avrupa'ya kaçak işçi olarak götürülmeyi beklediklerinden emin olduğum, bir sürü genç ve aksanlarından Doğulu olduğu belli Türklerin tıkış tıkış kaldığı bir otele de baktık. Hatta İngilizce konuştuğumuz için, aralarında benim için "Abla burada kalsaydı" gibi birşey bile dediler. Duyduğumuz kadarıyla Bosna kurumsallaşamamış zayıf devlet yapısıyla bu tür kaçak göçmenlerin Batı Avrupa'dan önceki en büyük merkezi haline gelmiş.

Bir başka çok olan şeyse mantolu, örtülü, kapalı insan. Hal ve tavırlarından bunların daha yeni örtündüğüne kalıbımı basarım. Orada yaşamış bir arkadaşım da bunu doğruladı. Bu bana Türkiye'de 80'lerde artan dinci örgütlenmeyi hatırlattı. Özellikle genelde hiç de dindar olmayan bu insanları düşününce. Genelde bu özellikleri ile "Biz Balkan Müslümanıyız" diye övünürler ve Türkiye'yi biraz fazla dindar bulurlar. Ev sahibim de bana Türkiye'de çok kapalı insan olmasını garipsediğinden bahsetmişti bir keresinde. Savaş sonrası ilk açılan elçilik Suudi Arabistan Elçiliği olmuş Saraybosna'da. Kosova'da da yavaş yavaş beliren bu başı bağlıların arkasında, bütün cami onarımlarında hep Suudiler var. Cami inşaatı derken, Suudilerin bu işe çok para döktüğünü, bunun karşılığında camilerin kendi fanatik Vahabi anlayışlarına uygun olarak duvarların bembeyaz yapılmasını da şart koştuklarını belirtmeli. Bu nedenle içinde çok değerli çiniler, süslemeler olan bir sürü Osmanlı'dan kalma tarih eseri caminin içi şimdi bembeyaz. Dinsel alandaki bu tabloyu görünce burada on yıl sonraki problemin ne olacağını tahmin etmek zor değil. Boşnaklar savaş sırasında kendilerine yardıma gelen mücahitlere borçlarını böyle ödüyor herhalde. Yazık.

Yine de Saraybosna savaş sonrası özel statüsü nedeniyle çeşitli etnik gruplarla dolu. Satranç oynayan yaşlılar ellerindeki isim listesinden gördüğüm kadarıyla karışık. Katolik ve Ortodoks kiliselerinin hemen yanında bir cami. Zaten Saraybosna tarihte, ailelerin karmakarışık olduğu bir yermiş. Savaştan iki hafta önce insanlar barbekü yapıyormuş birlikte, iki hafta sonraysa birbirini boğazlıyormuş. Hatta savaş Bosna'ya sıçramadan önce, Hırvatistan'da Sırplar ile Hırvatların nasıl birbirlerini öldürdüklerine inanamıyor, Bosna'da asla böyle bir şey olmayacağını söylüyorlarmış.

Saraybosna'daki hasarlı binalar hep sivillerinki. Apartmanlar, evler... Yani direkt sivilleri temizleme amacı çok açık görülüyor. Bomboş, kırık camlardan dolan havayla perdeleri uçuşan koca bloklar, roketle kısmen yarılmış, tuğlası yeni örülmüş bir sürü bina var. Bu tahribatı görünce Saraybosnalı olsam ve savaşı yaşasam, ben de Sırplar'dan sonsuza kadar nefret edebilirdim diye düşünmeden edemedim. Bu insanların Sırplar'dan nefret etmeye Arnavutlar'dan daha çok hakkı var gibi geldi.

Saraybosna'nın gece hayatını da gördük. Gayet hoş, kozmopolit bir hava vardı gittiğimiz yerlerde. Bu, yapay mı, biz bu ülkeyi tanımadığımız için mi bize öyle geliyor, yoksa bu insanlar Arnavutların yapamadığını yapıp gerçekten birbirini af mı etti, bilemiyorum.

Dönüş yolunda, bugünkü Bosna federal devletini oluşturan diğer federe devlet 'Republika Sırpska'dan (Sırp Cumhuriyeti) geçerek, Karadağ sınırına vardık. Sırp Cumhuriyeti de bayağı fakir ve yıkık. Ayrıca savaş suçlularıyla dolu olduğu söyleniyor. Eski Yugoslavya için kurulmuş Lahey'deki mahkemeye göre aranan Sırp suçluların çoğu, en başta Bosnalı Sırp ordusunun kumandanı Ratko Mladiç burada saklanıyormuş. Bunu duyunca biraz korksak da doğanın güzelliği bizi vuruyor. Bunca nefret ve etnik temizlik, bu güzellikle öyle zıt ki.

Sınıra doğru yol kenarındaki "Mayınlara dikkat" işaretleri yine yüreğimi hoplatıyor. Sanki o mayınlar yolun kenarında da, daracık yolda karşıdan araba gelince biraz daha kenara gidersek mayına basacağız gibi hissettim. Yol zaman zaman öyle dar ve bozuk ki, insan bunun iki ülke arasındaki bir ticaret hattı olduğuna inanamıyor.

27 Mayıs 2001

Bugün Priştine-Peja treninin savaştan beri ilk defa sefere girmesi nedeniyle düzenlenen törendeydik. Heyecanlı, hatta coşkulu bir topluluktuk. Yıllarca İtalya'da hizmet verdikten sonra Kosova'ya bağışlanan lokomotif ve vagon yepyeni duruyordu rayların üzerinde. Bu arada İtalyanların yaptığı bu bağışla Norveçlilerin yaptığı bağış arasındaki farka dikkat çekmeliyim.

Norveçliler bağıştan önce gelerek demiryollarının neye ihtiyacı olduğuna baktılar, ona göre envanterlerini, emekliye çıkartabilecekleri demirbaşları gözden geçirdiler. Sonunda demiryollarının çekme kapasitesini oldukça artıracak olan dört lokomotifi, yedek parçaları ile personele eğitim de vererek bağışladılar. Şimdi düşünüyorum da o soğuk ve karlı şubat günü Norveç'ten gelen bu dört lokomotif için yapılan törenden hiç bahsetmemişim. Buna karşın İtalyanların gönderdiği bu vagonun Kosova'ya geldiğinden -ne amaçla olduğu bilinmeksizin- ilk defa İtalyan KFOR'u sayesinde haberimiz oldu. Öncelikle bunun bağışlanıp bağışlanmadığını öğrenmeye çalıştık. Bunun için Trenitalia'ya KFOR aracılığıyla yazı yazdık ve eğer bu bir bağışsa, yedek parça ve eğitim olmaksızın kabulünün mümkün olmadığını söyledik. Elbette bu yazıya cevap dahi gelmedi.

Patrice uzun süre İtalyanlara bu bağışı bu şekilde kabul edemeyeceklerini, zira yedek parçasız bir vagonun ilk bozulma durumunda çöpe gideceğini söyleyerek, direndi. Bu direnmenin en önemli nedenlerinden biri, Avrupa Birliği'ne dahil İtalya gibi bir ülkenin ileride Kosova'ya birlik bünyesinde yardım etmesi istendiğinde, bu vagon gibi mal yardımlarında bulunduğunu ileri sürerek, payını azaltmasının önüne geçmekti. Elbette düzgün bir bağış mali yardım yerine geçebilir, ama böyle baştan savma ve Kosova'yı zengin ülkelerin istemedikleri şeyleri atabilecekleri bir çöplüğe dönüştürecek bağışlar değil.

Ancak Patrice'in kendinden 30 yaş büyük patronu ile neredeyse aynı parayı aldığı ortaya çıkınca, hırsı ve başarısı patronunun hiç hoşuna gitmedi tabii, hatta patronu onun istediği şeylerin tersini yapmaya yöneldi. Bu yüzden de Patrice'in karşı çıktığı bu bağış kabul edildi. Ancak güle oynaya kabul edilen vagon bu ilk yolculukta Peja'dan dönüş yolunda dağ başında bir yerde bozuldu ve yolda kaldık. Nasıl kullanacakları konusunda hiçbir eğitim almadıkları treni tamire çalışan demiryolcuların hali acıklıydı. Doğum gününde demiryollarının yeni bir vagona kavuşmasına yine de çok sevinen Patrice, vagonun bozulup yolda kalması üzerine haklı çıktığını görerek üzüntüye kapıldı ancak "Ben size demiştim" demeyerek yine de olgun davrandı. Sonuçta Eleanour ve ben bozuk trenin onarılmasını beklemek istemedik ve yoldan geçen bir arabaya otostop yaparak bir sonraki kasabaya gittik. O ise trenin başında yardım gelene kadar beklemeyi tercih etti.

1 Haziran 2001

Şu son üç hafta korkunç geçti, inanamıyorum. Burada canla başla bir şeyler yapabilmek için çalışırken insanların bunu takdir etmemesi yazık. Elbette SRSG'ye bağlı, görevi BM ve UNMIK'i korumak olan Legal Advisor's Office'ten[27] bahsediyorum.

BM, UNMIK ve SRSG'yi korumada o kadar ileri gidiyorlar ki, benim çalıştığım Ulaştırma Bakanlığı gibi icracı bakanlıkların yapmak istedikleri her şeyi engelliyorlar. Elbette bakanlıklar kafalarına eseni yapıp, BM'yi anlamsız bir takım risklere sokmamalı ama savaştan yeni çıkmış ve bombalanmış bir yere gelindiğinde öncelik nedir? İlk önce oradaki havaalanının her ne pahasına olursa olsun açılmasını sağlarsınız. Önce askerlere, sonra sivillere. Zira ülkeye dönen yüz binlerce mülteci vardır.

Sonra o havaalanını işleten askerler bir gün size gelip artan sivil trafiğin akaryakıt ihtiyacını artık karşılayamayacaklarını, bir an önce sivil yönetim tarafından yakıt sağlayacak bir ticari şirketin bulunması gerektiğini söyler ve siz de havaalanından sorumlu sivil yönetim olarak, elinizdeki sınırlı personelle (İngiliz Ordusu'ndan emekli bir pilot ve diğerleri) bir şartname hazırlar, uluslararası bir ihale açar ve Avrupa Birliği'nin Kosova'ya empoze ettiği ihale kuralları[28] uyarınca ihaleyi kazananı seçersiniz. O firmayla sözleşme görüşmelerine başlar, en sonunda ortaya çıkan sözleşme metnini Legal Advisor'a yollarsınız ve onlar da size bu sözleşmeyle ilgili görüş vermek yerine, bu ihaleyi açmaya, ihaleyi vermeye, sözleşmeyi imzalamaya yetkiniz olmadığını söyler. Nedeniyse havaalanının askeri olması ve KFOR'un yetkilerini BM'ye devretmediği sürece, BM'nin yetkisiz olmasıdır.

Kısacası hukukçular normal bir dünyadaymış gibi düşünerek, BM'yi korumaya çalışıyor ileride bir sorun olursa diye. Oysa bu ihale açılırken de üst düzey UNMIK bürokratlarının bilgisi doğrultusunda, KFOR'un onayı ve arzusuyla yapılmıştı. Kısacası işi oldurmaya değil, oldurmamaya çalışan bir mentalite var karşımızda. BM'nin belki de en önemli sorunu kendini hukuki açıdan korumakla, yardımına geldiği ülkenin insanları için bir şeyler yapabilme arasındaki dengeyi bulamaması. Zira hukukçular şüphelendikleri her şeyi durdurmak istiyor, UNMIK ise Kosova'yı bir an önce kalkındırmak istiyor.

Bu noktada Kosova'daki özel şartlara da bakmak gerek. Londra, New York gibi süper kalifiye elemanlarla kaynamıyor etraf. Elinizdeki elemanların azami becerisini ortaya koymaya çalışarak bir şeyler yapıyorsunuz. Ancak hayatını BM için çalışarak geçirmiş, devlet memuru kafalı, etliye sütlüye karışmayan, inanılmaz bürokratik personelin engellemeleri acıklıydı. Sadece bu misyona atanan geçici personel belirli bir idealizmle işi götürüyor.

3 Haziran 2001

Bugünkü Türk İrtibat Ofisi'ndeki toplantıdan bahsetmeli. Fransızlar, Amerikalılar sürekli böyle şeyler yapıyorlar, biz de ne güzel toplanır, mangal yaparız diye Anzak Günü'nde zaten daha önce konuşmuştuk.

Belki de önce Yeni Zelandalı, Avustralyalı ve Türklerin davetli olduğu Anzak Günü kutlamalarından söz etmeliyim. Avustralya ve Yeni Zelanda tarihleri çok kısa iki ülke oldukları için Çanakkale Savaşı sırasında Türklerin savaşta gösterdiği cesaret ve sonra gösterdiği hassasiyet çok takdir toplamış. Bize bu iki milletin de hakikaten çok büyük saygıları var. Onlar için tarihlerinin en önemli olaylarından biri. Nisanın ortasıydı sanırım, Anzak Günü bahanesiyle barbeküyü düzenleyen Avustralyalı yaptığı konuşmada, böyle bir günü Kosova'da anmamızın çok daha büyük bir anlamı olduğunu, ülkelerimizin arasında bu savaştan sonra doğmuş özel ilişkiyi göstererek, bunun belki de Kosova'daki insanların birbirini affetmesine katkısının olabileceğini belirtti. Zaten ben de biraz bu yüzden gitmek istemiştim Anzak Günü'ne. Ayrıca iş arkadaşım Avustralyalı John da bunun birlikte içmek için iyi bir fırsat olacağını söylemişti. Türk ofisinin genç ve dinamik yeni ateşesiyle ve diğer Türk polisleriyle de o toplantıda tanışma imkanı olunca, Türk İrtibat Ofisi'ndeki bugünkü toplantıyı düzenleme olanağı doğmuş oldu.

Gerçekten de meğer evimin hemen yanındaymış bizim temsilcilik. Üsküp'teki elçilikten gelen görevlilerin de katılımıyla cici bir kır sohbeti ve yemek oldu. Barbekü ve artık klasik hale gelen "Türklerin ülkeyi kurtarma sohbetleri" ardından elçiliğin zırhlı arabalarıyla Sultan Murat'ın türbesini ziyarete gittik. Ben gitmeyi pek istemedim doğrusu, çünkü daha önce dışarıdan görmüştüm. Türbe deyince insan güzel bir şey bekliyor oysa türbe gerçekten sefil ve dökülüyor. Yani görülecek bir şey de pek yok. Bu yerin aslında bir başka özelliği daha var. I. Kosova Savaşı'nda, Sırp ordusunun Osmanlılara yenildiği ve Sultan Murat'ın savaş alanında gezerken bir Sırp milliyetçisi tarafından hançerlendiği yer burası aynı zamanda. Bu nedenle, Sırpların Kosova ile ilgili efsanelerinde biraz fazla yer tutuyor. Hatta bu utanç verici yenilgi burasının Sırp milliyetçiliğinin doğum yeri olarak görülmesine yol açmış ve türbenin hemen karşısına bir anıt dikilmiş. Bu anıt bana hoş olmayan şeyler hatırlatıyor. Çünkü Miloseviç, özerkliğine son vermeden önce Kosova'yı 1989 yılında ziyaret etmiş ve Kosovalı Sırplara hitaben "Kimse bundan sonra sizin saçınızın teline dahi dokunmaya cesaret edemeyecek" dediği ünlü konuşmasını burada yapmış. Şu anda bu anıt da, diğer Sırplar için önemli her yer gibi KFOR koruması altında. Neyse "birlik-beraberlik" ortamını bozmamak için gittik tabii. Sonra da hava kirliliği, toz ve pislikten ölen Priştine'mizin en yeşil yerine, Grmija'ya götürdük konuklarımızı. Orada biraz oturup Üsküplüleri yolladıktan sonra ofiste çay içmek için tekrar toplandık. Burada da sohbet yine devam etti, sonradan gelen Türk polislerin de katılımıyla. Öldürülen Gaffar Okkan ile çalışmış bir polisin yanı sıra bomba uzmanı bir polis de vardı. Geçen haftalarda bizim ofisin çok yakınında patlayan bomba ile ilgili araştırma yaparken başına gelenleri anlattı bu bomba uzmanı polis. O bomba patladığı sırada öğle yemeğimin bitimine doğru, kahvemi içtiğim, bombanın sesini duyup, "Hmmm, bomba patladı" diye karşımda oturanlarla konuştuğum ve sonra sakin sakin kahvemi içmeye devam ettiğim aklıma geldi, gidip ne olduğunu anlamaya bile çalışmamıştım. Bir an bomba patlamasını kanıksamış olduğumu düşünüp, kendime kızdım. Sonra bombadaki bir seloteyp parçasındaki parmak izini bulmuş olan Türk polisinin tam karşısında oturduğumu anladım.

Meğer bizimki, Bulgar başka bir polisle birlikte bulmuş parmak izini ve ikisi laboratuarda bir anda sevinç içinde dans etmeye başlamışlar. Patlama şehrin merkezinde, UNMIK'in 200 metre ilerisinde olduğu için bomba patlar patlamaz oraya bir sürü polis doluşmuş. O sırada orada bulunan ve yüzü is içinde olduğu için göz altına alınmış bir adamın parmak iziyle bizimkilerin bulduğu parmak izi tutmuş. Fakat daha sonra anlamışlar ki, adam bir iki gün nezarette tutulduktan sonra serbest bırakılmış. Çıldırmışlar tabii, derhal adamın adresini bulup yakalatmaya uğraşmışlar ama üstleri olan Alman polis önce Türk ve Bulgar polislerin birlikte bulduğu delilin gerçekten doğru olduğundan emin olmak istemiş. Burada bizim polis, "Elbette bu parmak izini Alman veya Amerikalı polis bulmuş olsa böyle bir şeyi düşünmeyecekti" dedi kızgın kızgın. Sonunda yakalanmayacağından emin olan adamı evinde bulmuşlar ve toplayıp getirmişler. Yüzündeki isin bombadan kaynaklandığından emin bizim polis, zira bombayı detone etmek için orada olması gerekirmiş şüphelinin. Bu büyük başarı, gazetelere de geçmiş, UNMIK Polis ilk defa bir patlama ertesinde hemen birini yakaladığı için övgü almıştı. Oysa daha önceki olayların failleri hep meçhul olarak kalmıştı.

Burada bir parantez açarak Üçüncü Dünya ülkelerinden olanların, sadece polislerin değil elbette, diğer görevlilerin de BM gibi uluslararası bir örgütün içinde bile küçük görüldüğünü belirtmeliyim. Oysa özellikle Kosova gibi sorunlu ve tehlikeli bölgeler, bu ülkelerden gelecek uzmanlara muhtaç durumdalar. Çünkü bu ülkelerin polisleri ve diğer uzmanları biraz daha fazla para kazanmak için Kosova gibi yerlere gitmeye hazırken, hiçbir bomba uzmanı Amerikalı polis kalkıp böyle yerlere gelmez. Türkiye'deki polis maaşıyla kıyaslanınca elbette bizim polisler için BM'nin verdiği para çok yüksek. Oysa Amerikalı polis açısından fazla bir fark yok. Böylece hem bizim gibi ülkelerden elemanlara muhtaçlar ve işlerini onlarla görüyorlar, hem de onları küçümsemeye devam ediyorlar.

Buna benzer bir şey benimki gibi uzmanlık alanlarında da görülüyor. Çoğu görevlinin para için burada olduğunu herkes biliyor. Ayrıca BM'nin organizasyon bozukluğu yüzünden birçok insan da gereksiz olduğu halde burada. Asyalı ve Afrikalı birçok kişi var böyle kabiliyetsizliğinden yakınılan. Tamam aralarında kabiliyetsiz veya devlet memuru anlayışlı olanlar var. Hatta üç tanesi bizim Bakanlık'ta çalışıyor. Ama çözüm onları işe almamak mı olmalı? O zaman biz de AGİT gibi bir "Beyazlar Cenneti" olmaz mıyız? Eğer onları dışarıda tutarsak, onlara başka ülkelerden insanların nasıl çalıştığını görme ve kendilerini eğitip, değiştirme fırsatı vermezsek o zaman sonsuza kadar edilgen, devlet memuru kafalı olarak kalmazlar mı? Bunları bizim Bakanlık'ta, benim savunmak zorunda kalmam benim de "Üçüncü Dünyalılığımı" gösteriyor işte.

9 Haziran 2001

Çok yorgunum. Priştine'deki son cumartesim. Hala çalışıyorum. Lanet olası bağış sözleşmesi... Hava sıcak. Böyle güzel bir günü, Kosova dışında hiçbir yerde çalışarak geçirmezdim. Akşam Priştine Havaalanı'nın sivilleşmesi projesinde birlikte çalıştığım Rich beni KFOR/Film City'ye davet etti. Benim için bir değişiklik, o yüzden heveslendim, oysa o zavallıların üsten çıkmalarına izin yok. Orada hapisler.

Rich'e, telefonda İstanbul'a dönüş biletimi Üsküp'ten aldığımı ama Makedonya'daki Arnavut gerillaların Üsküp Havaalanı'nı bombalama tehdidi karşısında korktuğumu söyledim. KFOR'un bu konuda istihbaratı olması gerektiğini düşünerek gerillaların bunu yapmasının ne kadar ciddi bir olasılık olduğunu sordum ona. Durumun ciddiyetini bileyim ki ona göre biletimi değiştireyim. "Böyle bir bilgiyi her an dinlenebilecek bir telefonda sana söylememi beklemiyorsun herhalde" dedi. Derdimin Üsküp biletini iade edemezsem paramın yanacağı olduğunu söyleyince, "İdil, hayatının kıymeti ne kadar?" dedi. Ben de bu laf üzerine bayağı korktum, biletimi değiştirdim. Ancak seyahat acentesi de bu tehditlerin basında yer alması nedeniyle havayollarının Üsküp seferlerini iptal ederek bilet iadesi yaptıklarını söyleyince epey sevindim.

14 Haziran 2001

Cumartesi akşamını Film City'de binlerce askerle Amerika'dan gelen bir rock grubunun çaldığı şarkılarla geçirdim. Tuhaf. Kosova'ya gelmesem askerler ve orduyla ilgili fikirlerim asla değişmezdi. Aynı zamanda binlerce askerle rock konseri de dinlemezdim NATO'nun Kosova üssünde. Çok keyifli bir gece oldu. Albay Felli gülmekten öldürdü bizi.

Çarşamba akşamı Rich ve Felli bizi veda partilerine de çağırdılar. Gilles ile gittik ve hepsiyle kucaklaştık. Rich, "Seni hiç sivil göremeyecek miyiz?" diye takılmalarım sonucu, benim için giydiğini söylediği sivil kıyafetleriyle daha normal görünümlü ve pilot tulumlu ve kepli halinden çok daha az etkileyiciydi, hayret... Vedalaştık ve böylece bir F-16 pilotuna olan platonik aşkımın da sonuna geldim. Hüzünlü. Meğer ben soket beyaz çoraplarımla Avusturya Lisesi'nin Haliç kokulu dört duvarı arasında koşuşurken, Rich İncirlik'te F-16 uçururmuş. Çok kolay olduğunu iddia ediyor. Master tezini Atatürk üzerine hazırlamış ve gerçekten de Türkiye'nin Avrupa ve diğer ülkelerle ilişkileri hakkında çok bilgili. Bu arada Avrupa'da insanların çok daha kaliteli bir hayat tarzı olduğunu da görebiliyor. Amerikan ordusunda görevli bir pilot için bu değerlendirme çok dikkat çekicidir.

Gitmem kesinleşmiş ve gidiş günüm de artık gelmiş olmasına rağmen halen çalıştığım için pek bir şey düşünemiyorum. Hüzünlü değilim. Gitme zamanı. Özellikle bu akşam, kullandığım arabayı başka bir BM görevlisine teslim etmek için yapmak zorunda kaldığım bürokratik formalitelerin beni çıldırtmasından sonra buna daha da inanıyorum. Arabayı benden sonra kullanacak kişiye transfer edebilmem için, benim, arabayı devralan pimpirikli kişinin ve üçüncü bir şahsın arabada hasar incelemesini birlikte yapmamız gerekiyormuş. "Ama arabada hasar yok ki" dedim. Aylardır birlikte çalıştığımız halde sözüme güvenilmemesine şaştım. "Ayrıca niye bu tespit sırasında ille benim de hazır bulunmam gerek? Gidin inceleyin, eğer bir sorun varsa bana bildirin, ama inanın yok" dedim. Olmazmış, benim de gitmem gerekiyormuş, hem de elimdeki iş bitene kadar bekleyemezmiş, o anda olması gerekiyormuş. O kadar kan beynime sıçradı ki, elimdeki araba anahtarlarını kafalarına atıp, "Hem siz, hem de bu bürokratik saçmalıklar nedeniyle BM, birbirinizden acınacak durumdasınız!" diye avaz avaz bağrınırken buldum kendimi. Yoldan geçenler bana acayip acayip baktı.

15 Haziran 2001

İstanbul'dayım. Bitti. Kosova defteri kapandı. Havaalanındakiler beni ağlattılar. Özellikle Afrim'in "BM'nin sorunu altı ayda bir değişen elemanlar, senin gibi bir şeyler yapmaya çalışanların sözleşmelerini yenileyememesi" demesi içimi cız ettirdi. Havaalanı müdürü bilete verdiğim paramı iade etti, beni Business Class'a oturttu ve bir hediye vermeyi de unutmadı. Gilles de benimle uçağın içine kadar geldi. Bir prenses gibi uğurlandım kısacası. Bir prenses ağlamazdı herhalde ama işte ben hüzünlenip göz yaşlarıma engel olamadım.

Beni çok etkilemiş olduğu halde burada bahsetmemiş olduğum bir iki olayı aktarmak istiyorum.

Bunlardan biri demiryollarına isim bulma uğraşımızdı. Bu, demiryollarıyla ilgili olarak bir tüzük hazırlamam sırasında ortaya çıktı. Arnavutlar Kosova'nın bağımsız olmasını istedikleri için Kosova Demiryolları'nı (İngilizce kısaltmasıyla ROK'u) kullanıyorlardı bile. Sırplar ise demiryollarındaki her şeyi boykot etmelerinin yanı sıra "ROK" gibi bağımsızlık ve Yugoslavya'dan ayrılma çağrıştıran her şeye karşıydı. UNMIK de içinde "of Kosovo" olan bir şeyi kabul edemezdi. Böylece herkesi memnun edecek bir isim düşünmeye başladık. UNMIK Railways mi olsaydı? UNMIK'in daha doğrusu BM Legal Advisor's Office'in hiç hoşuna gitmedi bu. İçinde "UN" yani United Nations, yani Birleşmiş Milletler (BM) olan bir isim BM için ekstra hukuki sorumluluk demekti. Ya tren birine çarpıp öldürürse, ki bu oldu ve sonra BM'yi mahkemeye verirse? Oysa UNMIK Railways, Arnavutlar'la Sırpların anlaşabildiği tek isimdi. Arnavutlar için, içinde "BM" vardı, Sırplar içinse "interim", yani geçici. Fakat New York BM bu isme sıcak bakmadı. Pek de fazla ticari hacmi olmayan bu demiryolunun adının neden önemli olduğu sorulabilir. Önemliydi, çünkü Makedonya Demiryolları ile sınır ötesi ticaret için anlaşma imzalamak istiyorduk. Uluslararası Demiryolları Ağı'na kayıtlı olmak ve vagonlarımızı uluslararası dolaşıma çıkarmak istiyorduk. Kosova'da hayatın yavaş yavaş normale dönmesi için ticaret gerekiyordu. Çok fazla üretim ve ihracat yoktu belki ama ithalat vardı. 2,5 milyon nüfuslu bir yere sürekli mal gelmesi gerekiyordu. Ve onca trafiğin karayollarından raylara geçmesini arzuluyorduk.

Sırplar katılmadığına göre ismin onlar için önemli olmadığı düşünülebilir. Ancak ileride politik ortam müsait olduğunda, Sırbistan'a tren seferi başlatmak arzusunda olan bizler içinse öyle değildi. O gün gelecekti. Bunun için de Sırbistan'daki Sırpları da memnun edecek bir isim bulmalıydık. Zaten kendileri için çalıştırdığımız trenin camlarını taşlayan Kosovalı Sırplar'la başımız yeterince dertteydi. En sonunda Arnavutlara isim ROK olursa, Makedonların da bu durumdan hoşlanmayacağını söyledik. Zira Makedonya'nın kendi Arnavutları ile yeterince sorunu vardı ve iki ülkedeki Arnavutların bir araya gelip sonunda Arnavutluk'la birleşip toprak istemesine kadar uzanabileceğine inandıkları bir yüreklendirme istemiyorlardı. "Makedonya anlaşmayı imzalamazsa sınır ötesi ticaret yapamayız. Kosova içinde kendi kendimize döner dururuz. Asıl para sınır ötesi ticaretten geldiğinden, para da kazanamaz batarız" diyerek olayın ekonomik boyutunu da hatırlattık. Ama bunu Arnavutlara anlatmak mümkün olmadı. Onlar ismin ille de ROK olmasını, kimse bu ismi tanıyıp onlarla ticaret yapmasa da, para kazanamasalar da, istiyorlardı.

Bu arada Lipjan'daki Sırplar da bir gün bize gelip Arnavutlar'la aynı platformda tren beklemek istemediklerini, kendileri için ayrı bir platform yapılmasını istediler. Yani iki tarafın da olaylara bakışı o kadar saçmaydı ki... İki taraf da birbirinden beter, al birini vur ötekine... Ben Kosova'dan ayrıldığımda demiryollarının adına, yönetimine ve diğer şeylere dair tüzüğü hala Legal Advisor'ın onayından geçmemişti. Lipjan'da ise Sırplar'ı Arnavutlar'la aynı platformu kullanmaya ikna etmiştik etmesine ama iki tarafın arasında KFOR askerlerinin durması gerekiyordu. Sigortacıları, adı konusunda bile anlaşma olmayan bir demiryolunu sigortalamaya nasıl ikna ettim, kendim bile inanamıyorum bazen. Sigortanın temsilcisi Chris ile birlikte bu iş için aylarca çalıştık ve şimdi duyduğuma göre sigortanın kapsamı da genişliyormuş. Bu, gerçekten güzel bir gelişme zira bir ara BM'nin üst yönetiminden trenin mesuliyet sigortası olmadıkça çalışmasına izin verilmeyeceğine ilişkin ültimatom gelmiş ve sigorta işinin bir an evvel sonuçlandırılması için üstümde daha da yoğun bir baskı oluşmuştu.

Beni en çok üzen görüntülerden biri ise UNHCR'dan[29] devraldığımız otobüs servisinin fotoğraflarıdır. Halkla ilişkiler sorumlumuz ve basın sözcümüz Eleanour çekmişti bunları. Sırpların oturduğu köylerin arasından geçerek okula gitmek zorunda olan Arnavut çocuklara güvenlik eskortu sağlayan KFOR askerlerinin çocuklarla çekilmiş resimleri. Aynı otobüs ve askerler daha sonra Sırp çocuklar okula gidebilsin diye Sırplara eşlik ediyorlardı. Çünkü o eskort olmasa o otobüse saldırılır.

En büyük ve hüzünlü başarılarımızdan biri ise, birinde tren hattı olan diğerinde olmayan iki Sırp yerleşim birimi arasında servis yapması için koyduğumuz otobüsü kullanacak Arnavut bir şoför bulmaktı. Kosova Polje'de başlayan trene Graçanica'daki Sırpların gidebilmesi için iyi bir yoldu bu. Zira Graçanica'da oturan bir Sırpın, yoldan geçen minibüslere binerek Kosovo Polje'ye gitmesi mümkün değildi. Arnavutlar almak istese bile, hiçbir Sırp binmek istemezdi Arnavutlar'la dolu bir minibüse. Arabaları olsa da, arabaya atlayıp Kosovo Polje'ye gidemezdi hiçbir Sırp, çünkü arabasının plakası eski Yugoslav plakasıydı. Böylece Sırp olduğu hemen anlaşılır ve hedef oluverirdi. O yüzden KFOR eşliğinde verdiğimiz bu servis güvenliydi. En iyi çözümdü. Sürücüsü Arnavut olsa bile. Adam ılımlı biriydi. "Onlarla birlikte olmaya bir yerden başlamak zorundayız, hem otobüsü ben kullandığım için belki Sırplara bir şey yapmazlar" demiş Eleanour'a.

Graçanica, etrafı Arnavut yerleşim birimleriyle çevrili bir Sırp köyü olması nedeniyle çok tuhaf görüntülere yol açıyor. Her Arnavut'un Kosova'nın doğusundan batısına gidebilmesi için o yoldan geçmesi gerekiyor. Köyün girişinde ve çıkışında KFOR'un kontrol noktaları var. Köye girerken kuyrukta bekliyor ve aranıyorlar. Zaten yürüyerek girmeleri söz konusu değil. Arabayla giriyorlar, geçerken arabayı durdurmaları yasak. Yani bir benzetme yapacak olursak; Beşiktaş'tan Kuruçeşme'ye gitmemiz gerekiyor ve yol Ortaköy'den geçiyor ve başka da yol yok. Ortaköy düşman bölgesi. Girerken ve çıkarken kontrol var. Durmak yasak. Ortaköy'den geçerken etrafa, hatta düşmanlarının gözünün içine bakıyor ve yine yola devam ediyorsun. Herkes her şeyi görüyor. Aynı şey her gün yaşanıyor. Her Sırp yerleşim birimi işte böyle kuşatma altında. Ortaköylüler sadece Ortaköy'deler. Eğer Bebek'e, diyelim ki, bir sonraki düşman bölgeye gideceklerse eskorta ihtiyaçları var.

Bazen yolda giderken önünüzde bir zırhlı KFOR personel taşıyıcısı, onun önünde Yugoslav plakalı bir araba konvoyu, en önde bir başka KFOR aracı ve UNHCR otobüsü görüyorsunuz. Biliyorsunuz ki, evlerini terk etmek zorunda kalmış bazı Sırp mülteciler KFOR eskortu eşliğinde evlerinin ne durumda olduğuna bakmaya gelmişler. Evlerinin yakılıp yakılmadığını, içinde birilerinin oturup oturmadığını görüp geri dönecekler. İnsanın kendi evine, belki bir daha içine girip, orada yaşamayacak olsa bile hala "evim" diye düşündüğü bir eve böyle bakıp geri dönmesi gerçekten çok acı verici...

Sanırım Kosova'daki en hüzünlü görüntülerden biri de buydu.

SON SÖZ

Kosova'dan ayrılalı bir yıldan fazla oldu. Ancak gözüm kulağım hep orada olmaya devam etti. Kosova sanki çocuğum gibi; emek verdim, sıkıntı çektim, ona ne olacağı beni ilgilendiriyor. Gelişmelerin hızına şaştım çoğunlukla. Gidecek mi gitmeyecek mi diye düşünmekten kendimizi alamadığımız Miloseviç, bir "kadife devrim"le koltuğundan indirilip, Lahey'deki 'Eski Yugoslavya Savaş Suçları Mahkemesi'ne gönderildi bile. Hatta bir zamanlar tepkilerden korktuğumuz için fazla sesimizi çıkaramadığımız Arnavut milliyetçilerin bile oraya gönderilebileceğinden söz ediliyor bugün. Ve yine bugün Yugoslavya'nın bile, yeni bir anayasa ve idari yapıyla birlikte 'Sırbistan-Karadağ Cumhuriyeti' adı altında yola devam etme kararı aldığını, Yugoslavya'nın hukuken ve fiilen sona erdiğini görüyoruz.

Bu da artık Kosova'nın bağımsız olması için hukuki bir engel kalmadığı anlamına geliyor. Zira BM Güvenlik Konseyi'nin 1244 sayılı kararı Kosova'nın Yugoslavya'nın bir parçası olduğundan söz ediyor, ama ortada artık parçası olunacak bir Yugoslavya yoksa Kosova da bağımsız olabilir demektir. Bu, elbette sadece hukuki bir durum. Fiili durumun nasıl gelişeceğini yakında göreceğiz, ancak özellikle 11 Eylül sonrasında, uluslararası kamuoyu Kosova'nın Kafkasya ve Orta Asya'daki bazı devletler gibi bir terörizm, kaçakçılık, mafya cenneti olmasına izin vermeyecektir. Bu nedenle yerel seçimler sonrasında artık yönetimdeki yetkilerini sadece belli alanlarda koruyan BM ya da uluslararası kamuoyu, Kosova'nın gerçek bir hukuk devleti olduğuna -Arnavut olmayan azınlıkların da haklarına saygılı davranılması da dahil- ikna olana kadar Kosova bağımsız olamayacaktır. Daha şimdiden Kosova bu bakımdan iyi bir şöhrete sahip değil. Avrupa'daki kadın ve uyuşturucu ticareti Kosovalı Arnavutların elinde. Gün geçmiyor ki, BM polisi Moldova, Romanya gibi yerlerden zorla Kosova'ya çalıştırılmaya getirilmiş kadınlar bulmasın.

Öte yandan Kosova'dan gelen destekle komşu Makedonya'daki Arnavutlar geçen sene ayaklandılar ve Makedon polisini ve askerlerini öldürmeye başladılar. Makedonya'da daha geçen yaz uluslararası kamuoyunun müdahalesiyle yeni bir savaşın eşiğinden dönüldü. Kısacası Kosova hala düzenden yoksun, tehlikeli bir yer ve BM yönetimi daha yeni yeni bu konuda sıkı davranarak, adımlar atmaya başlayabildi.

Tüm bunlara rağmen, ileride bir gün Kosova'nın aydınlık yüzüne bakacağımı ve bir zamanlar orada olup, buna katkıda bulunmuş birisi olduğumu bilmenin bana farklı bir haz, bir mutluluk vereceğini de biliyorum. Kosova'ya giderken bunun yaşayabileceğim en önemli tecrübelerden biri olacağını hissediyordum. Şimdi geriye dönüp baktığımda gerçekten de böyle olduğunu görüyorum. Bazen çok zor ve sıkıntılı günlerim olduysa da, Kosova'nın hayata bakışımı derinden etkilediğini ve elbette birçok şeyi değiştirdiğini şimdi daha iyi anlıyorum. Siyasi ve sosyal çatışmalardan, gelişmişlik-gelişmemişlik gibi kavramlara, hatta ordu ve polise kadar birçok olguya ve kuruma bakışım bugün daha farklı. Hiçbir normalleşme sürecinin çabucak olmadığını ama sonunda yine de iyiye doğru değişimin önünde kimsenin duramayacağını iyice anladım. İnsanların içindeki "iyi"ye ve "doğru"ya bugün daha fazla inanıyorum. Sadece insanlara biraz zaman tanımak gerekiyor, biraz daha fazla zaman...

En önemlisi de, hayatın bize verilmiş en değerli şey olduğunu, her an elimizden kayıp gidebileceğini, bu yüzden de onu coşkuyla kucaklamamız gerektiğini bir kez daha anladım. Yaşamak çok güzel... Bunu, yaşamak istedikleri şeylerin bir çoğunu yaşayamamış insanların arasında olunca daha da iyi görüyor insan. Bu kitabın da, tekdüzeliğin, durağanlığın sunduğu rahatlığa kapılarak, hayatta yapmak istedikleri şeylerden uzak duranların, erteleyenlerin ya da cesaret gösteremeyenlerin aslında kendilerine nasıl büyük bir ihanet içinde olduklarını hatırlatmasını umuyorum.

Böylelikle üç-beş kişinin bile rahatını kaçırıp, sığındığı kovuktan dışarı çıkmasına, harekete geçmesine katkıda bulunursam, ne mutlu bana...

DİPNOTLAR

1. Ceza Hukuku'nun temel ilkelerinden, sanığın aksi ispat edilene kadar kanun önünde suçsuz sayılması kuralı.

2. Bugün bu konuda biraz daha farklı düşünüyorum. Zira ırkçılığın ilk kalktığı zamandan beri Amerika'da çok şey değişti. Beyaz olmayanların durumu eskiye göre iyileşti. Hatta bazı siyahların bile bu programa karşı olduğunu bizzat gördüm. Belki en mantıklısı tamamen kaldırılmadan gözden geçirilerek yeniden düzenlenmesi.

3. Sörveyör, yük hasarı ya da genelde hasar durumunda taraflarca atanan ve zararın içeriğini, sebebini araştırarak rapor düzenleyen kişiye denir.

4. Üstelik bu 11 Eylül'den önceki hali.

5. Tekerlekli paten yapmak.

6. Balım.

7. New York Police Department'ın kısaltılmışı.

8. New York University

9. N'aber marsık?

10. Merhaba beyaz bebekler.

11. UNMIK, United Nations Mission in Kosovo. Birleşmiş Milletler Kosova Misyonu.

12. KFOR, Kosovo Force, Kosova Gücü adı verilen Kosova'da güvenliği sağlayan NATO ve diğer ülke askerlerinin adı.

13. İbrahim Rugova, LDK isimli Kosova Demokratik Partisi'nin lideri. Ilımlı ve pasifist. Haşim Thaci, Kosova Kurtuluş Ordusu'nun kurucusu, savaş bitince politikaya atılarak PDK isimli milliyetçi hareketi kuran, suç örgütleriyle bağlantısı olduğu iddia edilen lider.

14. OSCE, Organisation for Security and Cooperation in Europe; Avrupa Güvenlik ve İşbirliği Teşkilatı (AGİT).

15. Demokratik Kosova Partisi'nin Arnavutça açılımı. Bu parti Rugova'nın başında olduğu ılımlı görüşleriyle tanınıyor.

16. Special Representative of the Secretary General (SRSG), yani Kosova'daki en üst düzey BM görevlisi ve yöneticisi, BM Genel Sekreteri'nin Özel Temsilcisi.

17. Sınır Tanımayan Doktorlar adlı kuruluş.

18. AAK da PDK gibi eski Kosova Kurtuluş Ordusu komutanlarından Ramuş Haradinaj tarafından kurulmuş milliyetçi bir parti.

19. Önemsiz.

20. Okunuşu Cakova. Slav dillerinde bir araya gelen bir sürü sessiz harfin arasında hiç sesli harf olmaması biz yabancıların kafasını çok karıştırıyor. Hatta Balkanlar'a Amerikan yardımı olarak sesli harf yollanacağı şeklinde bir şaka vardı.

21. Kosova Kurtuluş Ordusu'nun ilk harflerinin Arnavutçası.

22. İtalya, Hindistan, Sierra Lione, Avustralya, Fransa, Kamerun, Etiyopya, İsveç iş arkadaşlarımın geldiği ülkeler. Çalıştığımız KFOR askerleri de Almanya, Polonya, Norveç, İtalya, Amerika ve Fransa'dan.

23. BM, Kosova'daki yerleşim yerlerini hep iki dilde vermek, ilanlarını iki dilde yayınlamak zorunda. Ancak Sırpça ilanları basacak Arnavut gazete pek bulunmuyor.

24. Bu, eski Yugoslavya'da savaştan hemen sonra görev yapmış askerlerde kansere yol açtığı söylenen, NATO'nun kullandığı bombalarda yer aldığı iddia edilen radyoaktif bir madde. 2001'in hemen başında aylarca tartışıldı ve bizler için bir sağlık riski yaratmadığına karar verildi. Bunun ne derece doğru olduğunu ilerleyen yıllarda bilebileceğiz.

25. Selanik ve Halkidiki Yarımadası Priştine'ye 5 saat olan uzaklığı ile BM elemanları için en popüler haftasonu tatili yerlerinden biriydi.

26. KFOR'un Bosna versiyonu. Orjinal adı 'Stabilisation Force.'

27. Hukuk Müşavirliği.

28. Bu kuralların Türkiye'deki dünyanın en yolsuzluğa müsait Devlet İhale Kanunu'ndan ne kadar ileri olduğunu söylemeye gerek var mı? Örneğin herhangi bir kamu kurumu bütçesinden kamuya ait para harcanarak yapılacak bir proje, mal veya hizmet alımının bedeli 2500 Markı geçmediği sürece tek kişiden temin edilebilir. 2500 Markı geçen her harcama için ihale açılması ve bu ihalenin en şeffaf ve profesyonel kurullarca değerlendirilerek en ucuz fiyatı veren ve en kaliteli işi yapan şirkete verilmesi gerekiyor. Ayrıca bu kurullarda dalında uzman birçok kişi bulunuyor. Meblağ arttıkça imzalanacak sözleşmeyi BM adına imzalayacak kişi de İhale İşleri Müdürü'nden SRSG'nin yardımcısına kadar yükseliyor.

Bizim bakanlığın birçok ihalesine katılmış ve hatta ihale de almış Türk firmaları vardı. Demek ki Türk firmaları yabancı firmalarla rekabet edebiliyor ve şartnamede istenenleri rahatlıkla yerine getirebiliyor.

29. BM Mülteciler Yüksek Komisyonu.

Kuzey-Güney olarak bölünmüş Mitrovica'daki ünlü köprünün önündeki İspanyol KFOR'u

Aynı köprünün önündeki dikenli teller

İspanyol birliğin uzaktan görüntüsü

Sırp tarafının apartmanları arkada görünüyor, gelen silah sesleri üzerine köprüye yaklaşan Arnavutlar

Peja-Priştina arasındaki bombalanmış köprü ön cephede, arkada tek şeritli yeni yapılan çelik konstrüksüyon

Glogovac'ta yıkılmış bir otogar

Bosna-Karadağ sınırına doğru mayın uyarı tabelası

Saraybosna'nın bombalanmış apartmanlarından

Mostar binaları yıkık olsa da rafting ile normalleşmeye çalışıyor

Mostar

İtalyanların Kosova'ya bağışladığı vagonlar

Sırbistan'daki Kosovalı Arnavut siyasi tutukluların serbest bırakılması için yapılan bir gösteri

Türk azınlığın yoğun olarak yaşadığı Prizren

Prizren

Priştina'dan bir görüntü. En sağda üstünde antenler olan yüksek bina UNMIK Oteli, üstünde mermerler olan solundaki bina UNMIK Merkezi. Bahçede BM plakalı arabalar

Makedonya'ya yapılmış bir hafta sonu gezisi

Tetovo'nun tepesindeki Popovo Şapka Dağı. Tele-skide kayak yapmak için çıkıyoruz. Bilmiyoruz ki yaklaşık bir ay sonra buradan Arnavut gerillalar Makedon polis ve askerine taarruza geçecek

Popovo Şapka'da hayat güzel zannediyoruz. BM'de birlikte çalıştığımız Fransız ve İsveçli iş arkadaşlarım

Norveç'ten bağışlanan lokomotiflerin soğuk ve karlı bir Şubat gününde yapılan Kosovo Polje'deki bağış töreni

ÇIKAN KİTAPLAR

İSTEYİN GÖNDERELİM!

- **Kitaplarımızı kolayca ve uygun fiyatlarla edinmek ister misiniz?**
- **Peşin alışlarda %20 indirimden yararlanıyorsunuz**
- **Vadeli alışlarınız ise kitapların üst fiyatı üzerinden**
- **Siparişleriniz en geç on gün içinde posta/kargoya veriliyor**
- **20 milyon TL ve üzerindeki siparişlerinizde posta/kargo ücreti ödemenize gerek yok. Bu masrafı yayınevimiz üstleniyor**
- **Ödemelerinizi kredi kartı ile yapabiliyorsunuz**
- **Bütün yapacağınız aşağıdaki adresten bir sipariş formu istemek**

Hepsi bu!

aykırı
TARİH

TARİHİN BÜYÜK YALANLARI

Richard Shenkman

Tarih hep yanlış yazılır, bu nedenle
hep yeniden yazılması gerekir.
George Santayana

Sık sık düşünüyorum da garibime gidiyor,
tarih o kadar sıkıcı ki bir bölümü uydurma olmalı.
Catherine Morland

Tarihçilerin şu üç kategoriden birine girdiği söylenir:
Yalan söyleyenler. Hata yapanlar. Hiç bilmeyenler.
Anonim

Elinizdeki kitap yukarıdaki sözleri ciddiye almış ve en yaygın yalanlar, söylenceler ve yanlış inançlarla uğraşmayı kendine iş edinmiştir. Hemen her ülkede insanlar sadece kendi tarihlerini değil kendilerininkiyle birlikte başkalarının tarihini de yanlış öğreniyorlar. Okulların yanı sıra gazetelerden televizyonlara kadar birçok kaynaktan edinilen bilgilerimizin tamamı değilse bile büyük çoğunluğu yanlış, uydurma, çarpıtılmış veya düzmecedir.

Roma yanarken Neron zil takıp oynadı mı sanıyorsunuz? Büyük Katerina Rus muydu sanıyorsunuz? Kleopatra güzel miydi sanıyorsunuz?

Roma İmparatorluğu'nu yıkan barbarların uygarlığı paspas ettikleri yalanına kandınız. İngiliz özgürlüğünün *Magna Carta*'nın imzalanmasına kadar uzandığına ilişkin o köhnemiş fikri de yuttunuz. Ya da İngilizlerin İkinci Dünya Savaşı sırasında Nazilerin saldırılarına sakin ve cesur bir şekilde katlandığına inandırarak gırgır geçtiler sizinle...

Oysa olayların aslı bambaşkaydı; Neron oynamamıştı, Katerina Almandı, Kleopatra ise hayli çirkindi. Barbar kabilelerin çoğu Hıristiyan oldular, *Magna Carta* sadece İngiltere'nin soylularının eline yeni haklar tutuşturdu, Nazi saldırıları sırasında söylenip duran İngilizlerin çoğu ise aynı zamanda hırsızlık yapıyordu.

Yaa, işte böyle!

Daha fazlasını merak ediyorsanız, kitabın tümünü okuyacaksınız artık...

aykırı
GÜNCEL

MİLLİYETÇİLİK, FAŞİZM VE MHP

Derleyen: Seyfi Öngider

'ÜLKÜCÜ' MİLLİYETÇİLİK

Ernest Gellner, milliyetçiliği "yerçekimi gibi önemli ve kapsayıcı bir güç" diye tanımlarken haksız değildir. Türkiye söz konusu olduğunda ise milliyetçiliğin bu ülkede "yerçekimi gibi önemli ve kapsayıcı bir güç" olduğunu anlamak belki de daha kolaydır. Özellikle imparatorluktan ulus-devlete geçişle birlikte Türk milliyetçiliğinin oynadığı rol, ülkeyi ve toplumu yeniden inşa ederken yaptıkları dikkate alındığında milliyetçiliğin gücü ve kapsamı yerçekimi yasasıyla rahatça kıyaslanabilir ve doğrusu buna itiraz etmek de kolay olmaz!

Türkiye'de milliyetçilik denilince ilk akla gelen Kemalizm ve her Türk vatandaşının tartışmasız benimsemesi istenen 'Atatürk milliyetçiliği'dir ama bu kitaptaki makalelerde ele alınan bu değil. Türk milliyetçiliğinin esas olarak MHP tarafından temsil edilen 'ülkücü' versiyonu, şovenizme dönüşen, ırkçı biçimler alan ve faşizan alandan ilerleyen damarı ele alınmaktadır. 18 Nisan 1999 seçimlerinden birbirine yakın oy alarak zaferle çıkan iki milliyetçi parti, "milliyetçi-solcu" DSP ile "milliyetçi-sağcı" MHP'nin 3 Kasırn 2002 seçimlerinde aynı başarıyı tekrarlayamamış olmaları kimseyi yanıltmamalıdır. Milliyetçilik, "yerçekimi yasası gibi" olduğu yerde durmaya, aynı şekilde işlemeye ve hükmünü icra etmeye devam etmektedir...

Kitapta yer alan yazarlar ve makaleleri ise şöyle:
Kadir Cangızbay: Sıradan Faşizm!
Merdan Yanardağ: MHP'nin geleceği; sonuçlar ve olasılıklar
Burak Arıkan: Türkeş'ten Bahçeli'ye MHP: Değişim nereye kadar?
Deniz Vardar: Fransa'da Ulusal Cephe, Türkiye'de MHP
İlker Çayla: Politik sembolizm ve yeni zamanlarda MHP
Menderes Çınar: MHP: Bir devlet 'ciddiyeti' analizi
Yüksel Akkaya: 'Milliyetçi/ülkücü' işçi hareketi
Seyfi Öngider: 18 Nisan'dan 3 Kasım'a MHP